道友社
きずな新書
014

日々陽気ぐらし

道友社編

もくじ

第1章 「かしもの・かりもの」を心に

第2章　ひのきしんに生きる

第3章　私の「陽気ぐらし」

※装画……おけむら　はるえ

筆者の年齢と職業は、令和二年十月現在のものです。

第1章

「かしもの・かりもの」を心に

かけがえのない〝今日一日〟

野口良江《のぐちよしえ》
43歳・婦人会本部勤務・天理市

本部神殿から教祖殿へと続く東回廊を突き当たって左に曲がると、緩やかな下り坂になっている。いまでは毎日スタスタと歩いているこの場所は、私がたすけていただいたことを忘れないための大切な原点――。あの日、友の手にしがみつき、やっとの思いで歩いた場所だ。

意識が遠のくほどの腰の痛みに襲われたのは三年前、四十歳を迎える年の春だった。

「腰椎《ようつい》椎間板ヘルニア」と診断され、注射と点滴の日々。コルセットを着けての安静を強いられ、身の回りのこともままならない。食事を作ることも、子供の面倒を見ることも何一つできないという、主婦業も母親業も失格の状態。痛みに加えて、何もできないもどかしさと、いつ治るのか分からない不安で夜も眠れない。

〝イタミーン〟（痛み）と〝ネムレナイーン〟（不眠）と〝ネガティブーン〟（マイナス思考）のトリプルパンチ。モンスターにたとえて、そう呼んでいた。それが続くと思うと、自暴自棄になりそうだった。

当時は三人の子育ての真っ最中。末娘はまだ小学一年生で手もかかる。普段から家事をよく手伝ってくれる主人は、今回は慣れない料理にも奮闘してくれたが、私が倒れたことで、わが家はピンチに陥《おちい》った。

「ご飯作りに行くね〜」。〝ママ友〟が訪ねてくれたのは、そんなころだった。ようぼくである彼女は、おさづけを取り次いだうえで、私の痛む腰と痺《しび》れた右脚《あし》をさすりながら、「この身上のお手入れは、自分を責めて苦しむためのものじゃない。かりものの体を、人さまに喜んでもらえるよう、大切に使わせてもらうために、神様が下さったメッセージ。『この日のためだった』と思える日が必ず来る。いまは、その日のための助走期間。あなたは、人に喜んでもらえるおたすけができるはず」と言ってくれた。

さらに「神様を目標《めどう》に過ごすこと。人の顔色ばかり窺《うかが》っていないで、自分を見つめること。決して無理をせず、自分を大切にすること。感謝の心を忘れないこと。何ごとも喜んで、その日一日に目を向けること」。そんな言葉をかけてくれた。

彼女は、お道の信仰者として当たり前のことを忘れてしまっている私に、それを思い出させたかったのだろう。温かく、とても力強いその言葉は、完璧主義で何一つ手を抜くことが許せずに、無理を重ねて倒れてしまった私の心に深く響いた。そして、ずっとさすり続けてくれたその手は、本当に温かく気持ちよかった。親にさえ弱音を吐かない私が、不思議と彼女にはすべてを吐き出せた。背を向けたまま涙を流した。その日の夜、痛みは和らぎ、久しぶりにゆっくり眠ることができた。

彼女は、それから毎日のように通ってくれた。ある時は食事を作り、ある時は掃除に洗濯。初めは、さすがに申し訳ないと思い、断ろうとしたが、いつも笑顔で自然体な彼女の姿を見るうちに、素直にありがたく受け入れることにした。いつしか、心地よく甘えさせてもらうようになっていた。
真実のおさづけの取り次ぎと、優しさと温《ぬく》もりあふれる言葉。かりものの体を人さまに喜んでもらうために使わせていただくということを、彼女のおたすけの姿勢から学んだ。この身上お手入れは、親神様からのお手引きだと喜べるようになり、心の持ち方を変えることができたのだ。

主人は、毎朝晩におさづけを取り次いでくれ、家事や育児もすべてこなしてくれた。子供たちも、そんな主人をよく手伝っていた。遠くから駆けつけてくれた友人、動けない私を見て涙を流しながら、おさづけを取り次いでくれた人……。一番困っていた食事は、多くの友人や知人が手作りしたものを届けてくれた。

感謝してもしきれない、そんなたくさんの方々への思いを、私はＳＮＳで発信することにした。「ありがとう」の言葉を伝えたくて始めた投稿には、多くの方々が共感してくださり、そこからのつながりもできた。動けない身でありながら、人の話を聴かせてもらう機会を数多く得た。彼女は「いまのあなたにしかできないおたすけだね」と喜んでくれた。その言葉が心からうれしかった。

ある日、彼女に本部参拝へ連れていってもらった。差し出された手に支えてもらいながら、ゆっくりと回廊を歩いた。教祖殿へ続く緩やかな下り坂は、彼女にもたれて、一歩ずつ、でも必死に……。久しぶりに教祖の御前にぬかずいたとき、涙がこぼれた。「ここは喜ぶ所や」「人を救《たす》けるのやで」。そんなお言葉が聞こえてくるようだった。そして「たすけていただける。人さまのたすかりを願う側へと変わることができる――」。そう確信した。

あれから三年。ご守護を頂いた私は、彼女や友人たちと、月一度の女鳴物練習に励んでいる。おたすけ先や別席を運ぶ方もお与えいただいた。かりものの体を精いっぱい使わせていただけること、ようぼくとしてお使いいただいていることを喜ぶ日々だ。時々お手入れを頂き、彼女を頼ることがある。いまではかけがえのない教友であり、〝おたすけの先生〟でもある。

今日もまた、教祖の御前で「お貸しくださるこの体を、人さまに喜んでもらえるよう、大切に喜んで、楽しんで使わせていただきますので、どうぞ私を、ようぼくとしてお使いくださいい」とお願いし、お誓いして、かけがえのない一日が始まる。

「理を振る」から理が吹く

上田秀昭《うえだひであき》
53歳・教会長・鳥取県米子市《よなごし》

教祖は、十二下りのお歌に節付けと振《ふ》り付けをされたとき、「これは、理の歌や。理に合わせて踊るのやで。ただ踊るのではない、理を振るのや」（『稿本天理教教祖伝』）と仰せられた。私は子供のころから、この「理を振る」というお言葉の意味するところが、さっぱり分からなかった。片っ端から書物を読み、人にも尋ねてみたが、納得のいく答えは得られずにいた。

二十六歳のとき、映画館で『ジュラシック・パーク』を観《み》た。バイオテクノロジーによって恐竜を現代に蘇《よみがえ》らせるというエキサイティングな映像もさることながら、登場人物の一人、数学者マルコムの「北京で蝶《ちょう》が羽ばたくと、ニューヨークで嵐が起きる」というセリフが、なぜかずっと頭から離れずにいた。

これは、気象予報において「バタフライ効果」という考え方を説明する際に用いられた譬《たと》え話で、気象学者エドワード・ローレンツによって提唱された言葉である。小さな蝶の羽ばたきのような、ほんの些細《ささい》な気温や気圧の変化が、さまざまな要因を引き起こしたのち、非常に大きな現象につながり得ることから、天気の長期的な予測が不可能になることを彼は言いたかったのだが、映画を観た当時は、バタフライ効果が何なのかも知らず、ただ、この比喩《ひゆ》の持つ意外さとダイナミックさに強く惹《ひ》かれた。そして、このセリフを元に連想することによって、何か新たな表現が作り出せるのではないかと考えた。

そこで、「蝶」の部分を「てをどり」にスライドさせてみた。すると「十二下りのお願いづとめを勤めるときの、てをどりのひと振りひと振りで、遠くで暮らす友人の病気をたすけることができる」という言葉が思い浮かんだ。その瞬間、これが「理を振る」ということなのではないかと思った。

さらに、「振る」という言葉に注目すると、畳み掛けるように連想が湧《わ》いて、イメージが膨らんでいく。たとえば、偉大な指揮者のひと振りがオーケストラに魂を吹き込む、ハリー・ポッターは杖《つえ》を振るから魔法が使える、というように、目に見えない力を第三者に及ぼすときには何かを〝振る〟のである。

同じように、おつとめを通して理を振ると、手の先から小さな風が起こるように理が吹く。同時に足を踏む。そこから、わずかな風が舞い上がるようにして理が吹いてゆく。私たちは「神のからだ」に懐《ふところ》住まいをしているため、動植物から無生物に至るまで、この世のあらゆるものとつながっている。吹いた理は遠く離れた病人の枕元へ瞬時にして到達し、その人の身体《からだ》を優しく包んでくれる。願い人の心が誠真実であれば、神様がその心に乗って働いてくださり、病人はきっと、たすかるだろう。教祖が「理を振る」と教えられたのは、きっとこのようなことなのだと強く意識した。

五十歳のとき、「脳梗塞《こうそく》」になった。教会で、それぞれの信者さん宅で、また大教会や教務支庁でも、たくさんの方がお願いづとめを勤めてくださった。いま思い出しても、感謝の気持ちで胸がいっぱいになる。おかげで、わずか二週間で退院できた。ただ、左腕に痺《しび》れが残り、真っすぐ歩くのも難しかったため、リハビリ病院で治療を続けた。いまでは後遺症も全くなく、病気をしたことさえ忘れてしまっている。あのとき、多くの方がおつとめを通して真実の理を振ってくださった。今度は私が、神様からお借りしているこの身体を使って、一れつ兄弟姉妹《きょうだい》のたすかりを願いながら、理を振らなければならないと肝に銘じている。

教会にいるときは、できるだけ十二下りのお願いづとめを勤めさせてもらっている。映画のセリフにインスパイアされて、「理を振る」という言葉を自分なりに悟ってからは、おつとめの時間をより大切にするようになった。このひと振りひと振りで人がたすかると思えば、これほど陽気な踊りはない。

そうしたなかにも、誠の心を込める真剣さだけは決して忘れないように努めている。教祖が仰せられたように、ただ踊ればよいというものではなく、身上者のたすかりを願うのはもちろん、ご守護いただくための誠真実をお供えしなければ、何にもならないと思う。

「みかぐらうた」のお歌を一つひとつ噛《か》みしめ、実際に教えを守って通ることを自分に言い聞かせながら踊る。これが「理を振る」ことにつながり、おつとめに心を込めるということになるのではないか。ジッと私の心と行いをご覧になっておられる神様が、それを真実と受け取ってくださったならば、きっと理を吹かせてくださるだろう。

新型コロナウイルスが流行し、おたすけの現場でもテレワークが求められる時代。病院などでの面会が制限され、直接おさづけを取り次ぐこともできず、もどかしさを感じる今日、私たちにはおつとめがあることを心丈夫に思う。

祖父の出直しに知る親心

錦織優理《にしこおりゆうり》
23歳・保育士・兵庫県西脇市《にしわきし》

「死」とは未知のものです。いまを生きている私たちのなかで、死後の世界を知る人はいません。死んでしまった後に、誰かに伝えるすべもありません。それでも人間は、いつか死んでしまいます。そんな不確かな「死」というものを前にして、不安や恐怖を感じる人がいるかもしれません。

初めて「かしもの・かりもの」のお話を聞いたとき、真っ先に浮かんだのが、この死についてでした。親神様からお借りしている身体《からだ》であり、いつかはお返しする。その「借りたものを返す」というシンプルな約束と考え方に、とても納得したのを覚えています。

お道の教えはどれも分かりやすいものばかり――。このことに、教祖の素晴らしさ、温かい親心を感じます。


「かしもの・かりものの理」の尊さを、身に染みて感じた出来事がありました。

祖父は、とても陽気で明るい人でした。幼いころ、毎週のように祖父の家に泊まっていました。温かく迎えてくれた祖父の笑顔が脳裏に浮かびます。いつも美味《おい》しい料理をたくさん作ってくれました。特に、から揚げが大好きでした。また、ショッピングモールや公園に連れていってくれたり、魚釣りを教えてくれたりと、祖父との思い出は数えきれません。

そんな祖父は、お道の信仰者としても、とても素晴らしい人でした。教会で育った祖母と出会い、結婚を機に教えを知りました。ようぼくになり、修養科を志願し、さまざまな行事にも参加したそうです。

私が知っているのは、教会の月次祭で立派におつとめを勤める祖父の姿であり、結婚前は全く信仰がなかったとは思えないほどでした。与えられた環境を素直に受け入れ、信心深く真っすぐに通ってきた祖父の姿は、お道を信仰する者の鑑《かがみ》だと思います。そんな祖父をとても尊敬していました。

ある日、祖父は自転車に乗っていて転倒し、けがを負いました。けが自体は命に関わるものではなかったものの、傷の縫合手術のため、しばらく入院することになったのです。

この入院が祖父の余生を左右する節になるとは、当時は思いもしませんでした。そのころ私は、実家を離れ、おぢばで生活していたため、すぐに祖父のもとへ駆けつけることができず、母から電話で様子を聞いていました。

入院当初、誰もがすぐに退院できるだろうと思っていましたが、傷口に細菌が入ってしまい、思ったように回復しませんでした。年齢や体力のことを考え、なかなか手術に踏みきれないまま、入院生活が長引いたのです。それからの祖父は、日を追うごとに弱っていきました。合併症が出たことで、言葉もうまく話せなくなってしまいました。

ようやく帰省の日を迎え、初めてお見舞いに行けたときには、記憶のなかに残る元気な祖父の姿はなく、顔や腕が随分痩《や》せ細っていました。そんな祖父を前にして、笑顔をつくるのに精いっぱいでしたが、祖父は私が見舞いに来たことをちゃんと分かっているようでした。そのころはほとんど喋《しゃべ》れなくなっていましたが、きっと喜んでくれていたと思います。

　おぢばに帰った後は、なかなかお見舞いに行けず、何もできないことがもどかしくて仕方ありませんでした。そこで、本部神殿へ毎日足を運び、親神様にお願いすることを心定めしました。初めて身近な人の「死」が迫っていると感じ、その恐怖や焦りを打ち消すかのように、ただがむしゃらに祖父のたすかりを願いました。

　未熟だった私の心定めを、親神様がどのように受け取ってくださったのかは分かりません。それでも祖父の身上を通じて、心から人のたすかりを願い、参拝することの大切さを知りました。おつとめには不思議な力があります。祖父のたすかりを願っておつとめを勤めるうちに、私自身の心も救われていました。あの日々は、いまも私の大きな糧《かて》になっています。

それから月日は流れ、私は結婚して子供を授かりました。相変わらず祖父は入院しており、出産したら子供を連れて会いに行こうと思っていた矢先のことです。祖父が出直しました。のちに母から聞いた話によると、生前、祖父に私が子供を授かったことを伝えたそうです。それが最後のお見舞いになりました。私の妊娠を知り、喜び、安心したかのように、祖父はこの世を去りました。

祖父が出直してから五カ月後、私は無事に元気な男の子を出産しました。その日は、祖父が生きていたら迎えるはずだった誕生日と六日しか違わなかったのです。祖父が自らの体を親神様にお返しし、息子の命につないでくれたように感じました。

お道では、「出直し」という言葉で表されるように、死は「生まれ替わり」と教えていただきます。息子は祖父の生まれ替わりなのかもしれません。息子の成長を日々見るたびに、祖父も一緒に喜んでくれているように感じます。

これからも、祖父が自らの人生を通じて、最後に教えてくれた「かしもの・かりものの理」を胸に、夫婦仲良く、息子を大切に育てていきたいと思います。息子のなかで生きる祖父を思いながら。

母が遺した一灯

天谷直純《あまやただすみ》
76歳・会社員・札幌市

私は今日この地に在り、後期高齢者となって、妻とともに夫婦二人で暮らしている。生まれてこの方、幾多の人生の変転を経て、老境の歩みに至っている。果たして、この人生は偶然の産物か、あるいは自身の意思によるものか、それとも運命と捉《とら》えるべきことなのか――。

長年の疑問が、修養科での経験によって私の腑《ふ》に落ちた。「身体《からだ》は神からのかりもの、心のみが自分のもの」。この天理の教えにこそ、人間存在のすべての疑問に対する答えがあることを知るまでに、随分と時間がかかってしまった。

わが家の信仰は母から始まった。戦後間もないころ、父が肺結核を患い、自宅の前にあった教会の会長夫人からにをいが掛かった。たすかりたい一心だったのだろう。父は衰弱した身体を押して、おぢばへ旅立った。しばらくして、会長夫人と一緒に帰ってきた父が、よろけるようにバスから降りてきた光景は、いまでもはっきり思い出すことができる。父は、その半年後に母と二人の幼子を残して出直した。

夫の死という悲しみを越えて、母の信仰心は確固たるものになった。教会の月次祭には家族三人で、十キロ余りの山道を徒歩で越え、交通事情が良くなると路線バスを乗り継いで参拝した。これが私の信仰の原風景である。

母は学校給食の職を得て、懸命に働いていた。その母が、折にふれ私たちに説いたのが、三十三歳で短い人生を終えた、父に見せられたいんねんの道のことであった。この悪いんねんを断ち切らねばならない。母はそう言って、信仰への強い思いを私に伝えた。しかし、少年だった私に、その意味するところを理解できるはずもなく、多感な時代は過ぎていった。

長じては、そのことが心の奥に引っかかっていたのか、身体の調子が悪くなり病院で診察を受けたときなど、結果を知るまで悶々《もんもん》と過ごすことになった。父と同じ運命をたどるのでは、との思いが頭をよぎっていた。しかし「喉元《のどもと》過ぎれば熱さを忘れる」で、快癒《かいゆ》すると信仰のことなど忘れてしまった。

所帯を持ってからは、母の懇願で自宅に神棚を置いてはいたが、朝夕のお参りも疎《おろそ》かにし、ましてや仕事のこともあり、教会参拝も縁遠くなっていた。故郷に住む母が訪れた際に、神棚に向かって一心にお参りをしているその姿に、自身の不甲斐《ふがい》ない信仰の姿を重ね合わせて、たじろぐばかりだった。時折、遠方の教会から会長さんが訪ねてこられたときが、わずかばかりの神との対峙《たいじ》の時間となった。

子供たちの養育も果たし、無事に定年を迎え、第二の人生が始まった。老いた母は盛んに修養科を勧めたが、そのうちに、と言っては母をなだめすかしていた。だが、歳《とし》を重ねるごとに、私のなかで修養科への思いは募っていった。われわれ家族をいつも見守ってくれてきた会長さんのこと、母の思い、そして何よりも、父の生きた年月を遥《はる》かに超えた寿命のご守護への感謝。私はとうとう、後期高齢者入り目前にして、おぢばへ向かったのである。

春から暑い夏に向かう、三カ月間の修養には自信がなかったが、ようやくたどり着いた人生の目標点に、母の大きな存在があったことを、しみじみと感じた。母はすでに出直していたが、欣快《きんかい》の想《おも》いで遠くから見てくれているであろうことを、修養の糧《かて》として通らせていただいた。そして、遅きに失したが、ようやく親孝行の一端を為《な》すことができて安堵《あんど》した。

しかしある日、詰所の浴槽を掃除していて転倒し、肋骨《ろっこつ》三本を骨折した。神の御許《みもと》で、何故このような苦難を受けるのか、痛みに耐えながら悶々と自問自答した。思い起こせば、私はいくつかの死の危機をくぐり抜けてきた。バイクの事故で道路下へ転落したこと、横断歩道を渡ろうとしたとき、私の顔を擦《かす》るような距離でトラックが走り抜けていったこと――。そして命永らえて、たどり着いた修養科。ここへ至る道は、神が骨折を通して私に与えた〝目覚めの時〟だったのだ。神の慈愛に満ちた、ぢばの馥郁《ふくいく》たる香りに包まれ、気がつくと骨折のことなど忘れて、私は深い幸福感に浸っていた。

親神は、陽気ぐらしをさせて共に喜び合いたいとの思いから人間をお造りくだされたという。陽気ぐらしへの道は、遥かなる遠い道にも思えてくる。ましてや、凡夫たる者においては、わが身思案ばかりが先走り、霧中の道をさまよい歩いているかのようでもある。

人間とは何か。何故この地で生き、この生活や家族があるのか。それは神の為したことであり、これからの家族の姿も同様なのだ。理屈でも哲学でもない、素直な心で神と向き合う人生。そうした日常から、陽気ぐらしの本筋が、はっきりとした形で見えてくるのであろう。

母が遺《のこ》した一灯の明かりは、私のなかで大きな光となって煌《きら》めいている。いつまでの命かは知る由《よし》もないが、神の差配のままに、存分の感謝の心でこれからも通っていきたいと思う。

親神様のご守護、まるっと喜ぶ

吉福《よしふく》とよの

41歳・教会長夫人・岐阜市

結婚して十三年が経《た》ちました。かっこいい主人と可愛《かわい》い息子三人に恵まれ、幸せな毎日を送っています。

結婚して間もないころ、お腹《なか》に赤ちゃんがいることが分かりました。予定日は、なんと初めての結婚記念日。こんなにうれしいことはありません。毎日、教会本部へ参拝に行き、回廊拭《ふ》きひのきしんをして、にをいがけも頑張りました。こんなに勇んで通っているのだから、まるまる徳のある子を、らくらく安産させてもらえるだろうと信じて疑いませんでした。

ところが、七カ月検診のときに「ちょっと心配なことがある」と大きな病院を紹介され、あれよあれよという間に入院。主治医の先生から「妊娠二十八週までお腹で赤ちゃんが育てば、予後の見通しは明るいでしょう」と言われました。

をびや許しを頂いているのに、「十月十日《とつきとおか》の心づかい」を心がけて頑張っていたのに、どうしてこうなってしまったんだろう……という思いが頭のなかをぐるぐる回り、現実を受けとめきれません。でも、待てよ。教祖が四十四歳のとき、妊娠七カ月目に流産された「をびやためし」では、自らの身に試して、親神様の自由自在《じゆうようじざい》のご守護をお見せくださいました。そのことを思い出したとき、「あっ!」と気がつきました。

「をびや許しって、元気な子をらくらく安産させてもらえるものじゃないんだ！　大難は小難に、小難は無難に治めていただける、親神様にもたれて通れば必ずご守護くださる、ということなんだ」

小さいころから、ずっとずっと聞かせていただいた神様のお話のおかげです。それでも、自分の都合の良いように受け取るのではなく、ご守護をすべて喜ぶことこそ大事、という思案までは至らず、ベッドの上で「赤ちゃんはどうなるのだろう」と不安な日々を過ごしました。

妊娠二十八週目、いよいよ赤ちゃんの状態が悪くなり、帝王切開をすることになりました。主治医の先生をはじめ、麻酔の先生や小児科の先生など、十人以上の方が私の出産に関わってくださり、万全の態勢のもと、長男はこの世に生まれてきました。体重は千八百十八グラム。この病院では千グラムに満たない体重で生まれてくる赤ちゃんが多いので、長男はとても大きく立派に見えました。長男は「胎児水腫《すいしゅ》」という病気で、全身がむくんで胸やお腹に水が溜《た》まっており、私は羊水過多で、通常は八百ミリリットル以内の羊水が三リットルを超えていたそうです。

術後は、想像をはるかに超えたお腹の痛みで苦しみました。主人がおさづけを取り次いでくれますが、それでも治まりません。なのに、痛み止めの服用は六時間置き、一日三回までと決まっています。

いまなら「六時間経過しないと二錠目はもらえない」「余る時間は寝たりして、痛みをやり過ごそう」といったことを思いますが、そのときの私は、「こんなに痛いのに、たった一錠だけ？」「一日二十四時間なのに、三回しか痛み止めがもらえなかったら、あとの六時間はどうするの？」などと、痛みを通り越して怒りさえ湧《わ》いていました。どんなに痛くてもＮＩＣＵ（新生児集中治療室）へ行き、管《くだ》につながれた痛々しい子供の姿を見て、三時間置きに搾乳《さくにゅう》します。痛みと疲れ、怒りと孤独に、私の心は押し潰《つぶ》されそうでした。

長男は保育器の中で懸命に生きていました。けれども、思うようにおしっこが出ません。おしっこが出ないと、次の処置へ進めないとのこと。私はおさづけを取り次ぎ、祈りました。

「親神様、この子が大きくなってトイレを失敗することがあっても、私は決して腹を立てません。おしっこが出てくれてありがとうと喜びますので、どうかくもよみのみことさまの飲み食い出入りのお働きを、十分にご守護ください」

それからしばらくして、少しずつおしっこが出るようになりました。体のむくみが取れるころには、体重は千四百グラムになっていました。

長男の隣のベッドに双子の女の子がいました。妊娠二十六週で生まれ、体重は五百グラムより軽かったそうです。一人は心臓の手術を受け、いまも元気にしています。もう一人は、生まれてからうまくおしっこが出なくて、どうにも手の施しようがなくＮＩＣＵで亡くなりました。とても悲しいことなのに、このお母さんと話をしていると私のほうが励まされ、元気を頂くのです。あとから分かったことですが、このお母さんはお道を信仰されている方でした。

どんななかも親神様のご守護を、まるっと喜ぶその姿勢。その姿を親神様はお喜びくださるのだろうと、この出産を通して、私はやっと気づくことができました。

時は流れ、三人目の息子も、ようやくオムツが取れつつあります。三人ともご多分に漏れず、トイレトレーニングは大失敗の連続！　そのたびに私は「ありがとう、ありがとう」と喜びの連続でした。

「おしっこちょっぴりもれたろう」タイプ、「おしっこけっこうもれたろう」タイプ、両方を併せ持つ強者《つわもの》。私は三人の息子のおかげで、「大丈夫！　濡《ぬ》れたら着替えればいいじゃない!?」と、パンツとズボンを大量購入し、洗濯に励み、息子の自尊心を傷つけないよう努めました。

でも、息子よ。着替えをするときはパンツまで替えなくていいのよ。パンツは濡れたときと、お風呂のときだけでいいのよ。お願いします。

陽気世界の一考察

澁谷悟朗《しぶやごろう》
63歳・布教所長・千葉県柏《かしわ》市

もし、信仰のない家庭に生まれていたなら、自分はどうなっていただろうと考えることがあります。消極的で陰にこもる性格からして、宗教心や倫理観に思いを致すこともなく、適当に周りに合わせていればよかろう、くらいの考えで生きていたことでしょう。

たとえば、困っている人を見ても知らん顔をし、会社の経費なら湯水のように使い、他人の物は粗末に扱い、ちょっとしたことに怒り恨み、人の痛みが分からない。加えて、出世欲だけは誰にも負けず、上からしか物が言えない――。

中国のことわざに、「九仞《きゅうじん》の功を一簣《いっき》に虧《か》く」とありますが、まるで私が悟っているわが家のいんねんを表しているようです。先祖代々賢い人が多く、自分を鍛えることには貪欲《どんよく》で、どこまで上り詰められるかを楽しみ、それだけの能力があると自惚《うぬぼ》れた結果、いいところまで行っても最後には砂の器のように一瞬で崩れてしまう。そんな行いが身上・事情に現れ、きっと、それらを昇華できないまま過ごしていたことでしょう。

そうならなかったのは、ひとえに両親や、所属教会の会長様、奥様、先輩先生方が、日々の心のあり方や間違った心づかいの正し方を私に教えてくださったおかげだと、感謝しています。

そんな環境で暮らしていたにもかかわらず、大学に進学しインテリゲンチャを目指して学業に励んでいたころ、ふと「論理学的に、神は〝いない〟と考えたら、どういう生活様式になるだろう」と疑問に思い、行動に移したのです。まず試みたことは、わが家の講社祭の日に遊びに出掛けることでした。これまでも用事があれば、さぼることはあったのですが、よほど真実の心定めになったのか、すぐに〝かやし〟がありました。

講社祭の前日、急に熱が出て、異常な寒けを感じたのです。寒くて寒くてどうしようもなく、布団に入りましたが、なお寒い。掛け布団の枚数をどんどん増やしましたが、五、六枚になると重くてしょうがないので、それ以上は掛けずに我慢しました。

一時間くらい経《た》つと、今度はだんだん暑くなってきて、汗が止まらなくなりました。寝間着と布団は汗でびしょびしょ、下の畳まで濡《ぬ》れるほどでした。汗が出尽くしたところで、寝間着と布団を取り換えましたが、まだ熱が少し残っており、身体《からだ》もだるいので、結局、翌日の講社祭まで休んでいました。

2Kの狭い家なので、会長様が来られたときは起きなければならず、形だけは祭典に参加しました。そして、祭典が終わると体調が良くなってきました。

「やれやれ参ったな」と、そのときはほとんど何も考えずにいました。

一カ月後の講社祭の前日、遊びに出掛ける算段をしていたところ、また急に熱が出て、異常な寒けを感じたのです。先月の出来事と一字一句同じになるので省略しますが、祭典が終わると体調が良くなってきました。どうしてしまったんだろうと、わが身を案じはじめました。

さらに一カ月後の講社祭の前日、遊びに行く段取りをしていると、また急に熱が……（以下同文）。そして、嫌々でも祭典に加わり、終わるとやはり体調が良くなってきました。

これはどうしたことだろうと深く悩みました。天理教の信仰者らしく、身上の諭しに思いを巡らせました。その後の三カ月間も同じことが続いたのです。六回も同じことが続くと、もはや偶然では済まされません。

「前提が間違っている。神は〝いる〟。間違いない。そして、おつとめを望まれている」

そう悟らざるを得ませんでした。いまも変わらず、この思いを胸に通っています。以来、この不思議な事象は全く起きません。

この出来事を通して、神様から期待していただき、ありがたいなあとも、重荷だなあとも思っていましたが、それは考え違いだと、あとで気づきました。親神様は、ただ子供可愛《かわい》いゆえに、いつもたすけてくださっていたのだと思います。だからこそ、私は神様へのご恩報じを真剣に考えねばならないと、常々自分を戒めています。

わが家のいんねんや自分の人生を振り返ったとき、先代までの道すじとは異なっていることに気づきます。緩やかな波のように上がったり下がったりしていますが、着実に右肩上がりに〝幸福の坂〟を上っているような気がします。

混沌《こんとん》とした世上のなか、国際関係、自然環境の問題、科学技術や医学の発展など、私たちを取り巻くすべてのことは、親神様の存在を信じ、おつとめを勤め、さらに一れつ兄弟姉妹《きょうだい》や、かしもの・かりものの教えの実行によって、同じように着実に陽気世界へ導かれると信じています。親神様へのご恩報じに精いっぱい力を尽くそうと、草の根に分け入って、一人から一人の心へと働きかける一ようぼくでありたいと思います。

天理教校学園高校と私

梶谷政徳《かじたにまさのり》

32歳・高校教師・天理市

天理教校学園高等学校に勤務して十一年目になる。最初の年は寮の生活指導員の専任として勤めたので、国語教師として教壇に立つようになってからは、十年の節目を迎えた。この機会に、私がかつてこの高校で得た〝原体験〟について記しておきたいと思う。

中学時代、私は自分の身体《からだ》に強い不満を持っていた。きっかけは些《さ》細《さい》なことだった。

　あるとき、友人から「おまえ、髪薄いな。禿《は》げてるよ、ここ」と言われた。最初は笑い飛ばしていたが、だんだん不安になり、合わせ鏡でこっそりと後ろ姿を見た。結果は絶望的だった。そこには、私の知らない私の姿があった。

　次第に人前へ出るのが怖くなり、気心の知れた友人としか関わらなくなった。クラスのなかには、そんな私を蔑《さげす》み笑う者も出てきた。私は世間を憎み、こんな身体に産んだ両親を恨んだ。

　地元に居心地の悪さを感じ、自分を知る人のいない環境で、人間関係を初めからつくり直したいと願うようになった。両親からも離れたかった。天理教校学園高校の前身である親里高校を進学先に選んだのは、こんな理由からだった。

「陰口を言われるのはもう御免。堂々と丸坊主でいよう」と髪を刈って入学。

それでも当初は、いつかまた中学時代のように、いじめられたり、嘲笑《あざわら》われたりするのではないかとビクビクしていたが、次第に「そのままの自分が受け入れられている」と安心感を抱《いだ》くようになった。一緒にはしゃぎ、部活動や勉強などで競い合った友人たちは、私の性格を理解し、良い性質を引き出してくれた。彼らと過ごす日々が、私の心をほぐしてくれたのだろう。

恩師とも出会った。私に学問の深さ、魅力を教えてくれた国語教師。信仰の感動を伝えてくれたクラス担任。長い時間を共に過ごし、ふとしたときに助け船を出してくれた寮の生活指導員。その誰が欠けても、いまの私はない。皆、私の外見よりも、心や物事に向かう姿勢を見ようとしてくれる人たちだった。

世間を憎み、親を恨んでいた私が、親神様・教祖のお膝元《ひざもと》で確かに更生したのだと実感したのは、ようぼくとなった高校三年生のときだった。一人で三殿を回っていると、ふと「中学時代の経験がありがたいなあ」と思えた。

私には、小さな言葉一つで傷つく人の痛みが分かり、人から蔑まれるつらさも分かる。それは自分が経験したからである。このような経験は、したくてもできるものではない。いまの自分があるのは中学時代があったからなのだと、素直にそう思った。そして、二つの記憶が蘇《よみがえ》ってきた。

一つ目。中学時代のいつもの下校途中、私は友人に、自分を陰で嘲笑うクラスメートの悪口をぶつけていた。私にとっては、やり場のない怒りの発散である。友人は、いつもニコニコと聞いてくれた。思えば、どれほど苦しい時期にも、愛想を尽かさず側《そば》にいてくれる友人がいた。

二つ目。学校のストレスが原因だったのだろうか、ある朝、洗面台に抜け落ちた大量の髪の毛の前で泣き出してしまったことがあった。通りかかった母が、その状況を察したのだろう。笑いながら、こう言った。

「大丈夫、大丈夫。お母さんね、子供が生まれる前は一日二百本くらい抜けたよ。普通、普通」

その言葉に、すっと心が軽くなった。いつでも両親が私を守ってくれていた。この二つを思い出したとき、私は気づいた。どんなときも変わることなく、きちんと親心は注がれていたのだと。親神様は、私が生きるのに必要な人間を側に置きながら、心の成人を根気強く見守ってくださっていたのだ。あの散々だった日々も、私の成人にとって、通らなければならない大切な時期だったのだと得心がいった。私の〝過去〟が変わった瞬間だった。

天理教校学園高校で勤めることを選んだのは、恩返しがしたかったからだ。

天理の学校で教師になれば、自分の徳分を生かせるだけでなく、両親をはじめ、所属教会の会長様や信者さんが喜んでくれる。そして、自分を生まれ変わらせてくれた、この高校の力になれると考えていた。しかし現実は、年限が経《た》つほどに、逆に恩が重なっていくばかりで、自分の思い上がりに呆《あき》れてしまう。

この十年で私は家庭を持ち、年齢相応に責任ある立場を任されることが多くなった。しかし、器が小さく、なかなか要領をつかめないことから、ちょっとしたことに不満を感じてしまうこともある。そんなときには、こう思い直すようにしている。

「この『かりもの』の身体も、周りの環境も、あとになって思えば、いつだって私に必要なものばかり与えられていたなあ。きっといまの状況も、私の成人のために、ちょうどいいものなのだろう」と。

「新しい日常」

大塚《おおつか》 徹《てつ》
62歳・団体職員・奈良県香芝《かしば》市

新型コロナウイルスの感染拡大以来、「新しい日常」という言葉が登場した。こまめな手洗い、ソーシャル・ディスタンスの確保など、いまでは当たり前となった、常に感染予防を心がける暮らし方だ。もちろん私も「新しい日常」を心がけている一人である。

しかし、私の人生には、いま以上に「新しい日常」に切り替えなければならなかったときがあった。十二歳のとき、思わぬ身上を頂いたのだ。

その病気は命に関わるものではないものの、薬で発作を抑える以外に治療法がないため、毎朝夕、欠かさず薬を飲み続けねばならなかった。日常生活にもさまざまな制約が加わり、生活習慣は劇的に変わった。それまで、健康が当たり前だった中学生にとっては大きな出来事であり、まさに「新しい日常」の始まりだった。

つらかったのは、友達と同じことができず、悔しい思いをしたことである。

「なんで、こんな病気になったんや。なんで、みんなと同じことがでけへんのや」

まだお道の教えの理解も乏しく、不足心が大きくなるばかりで、青春時代の楽しい思い出は少なかった。

しかし不思議なもので、年を重ね、さまざまな制約も習慣化されると、全く苦ではなくなり、〝当たり前の日常〟として過ごせるようになった。

ようぼくとなったいまでは、与えられた身上の意味を悟って、かりものの身体《からだ》への感謝も深まり、親神様の思召《おぼしめし》に適《かな》う生き方を、できることから実行しようとする心持ちになった。

〝ウィズコロナ〟の時代を迎え、私たちは、新しい生活スタイルを続けていかなければならない。初めのうちは面倒で、うっとうしく感じることもあるだろう。それでも、しばらくして慣れてしまえば、それが当たり前のこととして受け入れられるようになるに違いない。

この機会に、あらためて世の中を眺めてみると、「新しい日常」が求められているのは、感染予防のための生活スタイルだけではないことに気づく。

地球温暖化によると思われる自然災害が世界中で多発し、日本では数十年に一度といわれる豪雨災害が毎年起こっている。温暖化の原因である二酸化炭素の排出、資源やエネルギーの使い方、また、プラスチックごみ問題や食品ロスなど、世界にはさまざまな問題が山積している。それらの原因をたどっていくと、いずれも欲の心に行き着く。

私たち人間は、陽気ぐらしをするために親神様から身体をお貸しいただき、心の自由を与えていただいている。それにもかかわらず、自分さえよければ、いまさえよければと突き進んできた結果が、いま目の前に突きつけられているのだと思う。地球上の資源やエネルギーを適切に使い、プラスチックごみの削減や食品ロスを出さない食生活など、「新しい日常」へと切り替えなければならないだろう。

また、この世のすべては親神様からのお与えであると教えられる。ならば、新型コロナウイルスにも何らかの役割があるはずだ。

私たちは、親神様を親とする一れつ兄弟姉妹《きょうだい》。感染予防は自分が感染しないこと以上に、人にうつさないことが第一の目的となる。それによって、感染者が少なくなると、医療従事者の負担を軽くすることにもつながる。〝たすけ合いの連鎖〟とも言えるのではないだろうか。

このたびのコロナ禍や、近年の地球環境問題は、私たち人間に大きな軌道修正を迫っておられるのだと思う。それは、互いにたすけ合って陽気ぐらしをするという、人間本来の生き方への転換である。かしもの・かりものの教えを中心に据えた「新しい日常」の実践が、いま求められている。

最初は面倒に感じることもあるだろう。けれども、必ず実現できるものと信じて、まずは自分一人から進めていきたい。

娘の友達へのおたすけ

堀《ほり》侑美《ゆみ》
34歳・パート介護職員・愛知県小牧《こまき》市

ゆみかちゃんは娘の保育園からの友達です。卒園を控えた昨年一月、彼女は長期にわたってお休みしていました。娘に理由を聞くと、「入院してるの」とのことでした。

三月に入ると、ゆみかちゃんは以前と変わらない様子で保育園に戻ってきました。お母さんと話す機会があったので、病気のことを尋ねてみると、「脳腫《しゅ》瘍《よう》なんです」と答えが返ってきて、驚きました。けれども「治療はいったん終わりです」との言葉に、ひとまず安心しました。

娘とゆみかちゃんは無事に卒園し、小学一年生では同じクラスになりました。しかし、夏休みを前に、また入院することになりました。私は心配になり、息子つながりで知り合いだった、ゆみかちゃんの伯母《おば》のえみさんに様子を尋ねました。「元気だよ」と聞いたときには、ほっと安堵《あんど》しました。

しかし、それもつかの間、秋になり、担任の先生から生徒たちに「ゆみかちゃんはほかに病気が見つかり、遠くの病院で長く入院することになりました」とお話がありました。えみさんによると、「あまり良くない」とのこと。私は、ゆみかちゃんのために何かできることをしようと決めました。

考えた末、保育園に協力していただきながら、同級生の保護者たちに声をかけ、ビデオレターを制作することにしました。これを見て、ゆみかちゃんが少しでも元気になってくれればと願ってのことです。

このビデオレターがきっかけで、ゆみかちゃんのお母さんと連絡をとるようになり、入院していた大学病院へお見舞いに行けることになりました。ご家族は未信仰でしたが、私が天理教を信仰している旨《むね》を伝え、おさづけの取り次ぎを申し出ると、「お願いします」と受け入れてくださいました。

おさづけを取り次いだ後、病院内のカフェでお母さんとお茶をしました。一昨年の十二月二十五日に脳腫瘍が判明し、その場で医師から「この病気は治りません」と告げられたこと。一縷《いちる》の望みを抱いて、名古屋、東京、仙台、京都の病院を回り、治療方法を探してきたこと。ゆみかちゃんは、人間が一生で浴びていい放射線量を上回る放射線治療を受けていて、もうこれ以上の治療はしないことなどを話してくれました。

その後も、私はゆみかちゃんのことを思いながら過ごしました。昨年十二月二十五日、年一回の健康診断で「肝臓に腫瘍らしき影がある」と言われたときも、「ゆみかちゃんの病気を少しもらったのかな」と思いました。

三週間ほどして、健康診断の結果が届きました。診断は要精密検査とのこと。一カ月後に精密検査を受けた結果、ホクロのようなものなので大丈夫とのことで、胸を撫《な》で下ろしました。

ちなみに、私が健康診断を受けたその日に、ゆみかちゃんは大学病院を退院し、家族で年末年始を過ごすことができたということです。

今年の正月に、ゆみかちゃん家族と一緒に凧《たこ》揚げをしました。そのとき、ゆみかちゃんのお父さんと私の夫が小中学校の同級生であることが分かりました。

二つの家族の間に、なんと通じるものの多いことか。名前が一字違いの「ゆみ」と「ゆみか」、クリスマスに病気の診断、伯母のえみさんとの面識、そして夫同士は同級生……。これは神様が引き寄せてくださったに違いない、私たち夫婦でおたすけをさせていただこう、と決心しました。

ゆみかちゃん家族は、翌週に難病と闘う子供たちの夢を叶《かな》えるボランティア団体の支援で、夢だったディズニーリゾートに行く予定だと教えてくれました。しかし、ミッキーマウスには会えないかもしれないと話していたので、私たちはそこで働いている知人に相談したところ、ゆみかちゃんがミッキーに会えるようにしてくれました。

それが最後の家族旅行となりました。旅行から四日後、ゆみかちゃんは再び入院しました。

二週間ほどしたある日、私はひどい頭痛に見舞われました。教会でおさづけを取り次いでもらいましたが、ゆみかちゃんに何かあったのではないかという気がしてならず、「神様、どうかゆみかちゃんをたすけてください。なむ天理王命……」と祈りました。

訃報《ふほう》が届いたのは、その三日後でした。通夜と告別式には、斎場に入りきらないほどの参列者が集まり、ゆみかちゃんは、たくさんの友達や先生方に見送られて旅立ちました。

しばらくして世間はコロナ禍。誰もが予想もしなかった現在となりました。

亡くなる四日前、娘と一緒に病院へお見舞いに行ったとき、ゆみかちゃんのお母さんが「いつ、その時が来るのかなあ」とつぶやきました。「きっと〝この日〟だって選んでくれると思うよ」との言葉が、自然と私の口をついて出ました。

ゆみかちゃんは、コロナ禍になる前に、たくさんの人が見送ってくれる日を選んだのではないかと私は感じています。

ゆみかちゃんのおたすけを通して、私はあらためて、身体《からだ》は神様からのかりものなのだと強く感じました。いまの私の目標は、ゆみかちゃんのご両親と一緒に、おぢばへ帰って参拝することです。そして、ゆみかちゃんがまた元気に生まれ替わる日を願っています。

もう少しお借りいたします

坂田《さかた》鏡介《きょうすけ》

82歳・教会長・東京都足立区

のっけから尾籠《びろう》な話で恐縮だが、私はトイレでお通じがあると、拍手《かしわで》を打ってお礼を申し上げている。あるときから、小便も同じようにお礼を申し上げるようになった。一時期、尿のことで悩んだからである。

平成二十三年、左腎臓にがんが見つかった。夏の終わりごろから背中が痛みだしたので、整形外科で診《み》てもらった。レントゲンを撮ったが、異常は見つからず、原因は分からなかった。診察が終わって、帰り際に「一度、内科の先生にも診てもらったら」と勧められた。そのひと言が妙に心に引っかかった。あとになって、親神様のお手引きだと分かるのである。

持病の狭心症で通院していたので、循環器科の診察時に、先生にその話をした。先生は「私の専門外ですが、念のためにCTを撮ってみますか」とすぐに手配してくれ、CT撮影を終えた。しばらくして名前を呼ばれ、診察室に入った。結果については何も言わず、「専門の病院に行ってください」と、紹介状とCT画像のCDを渡された。「なるべく早いほうがいいですね」と言われ、これはただごとではないなと思った。

紹介された病院は、そこから車で五分くらいのところだったので、その足で向かった。人工透析を主としている病院で、内科と泌尿器科があった。路地裏の小さな病院で、少々不安になった。受付を通って診察を待った。

担当医は六十代半ばのK先生だった。先生はCT画像を見ていたが、「うーん」と言ったきり無言。私はうすうす気づいていたので、自分から「がんですか?」と聞いた。先生は私に画像をモニターで見せながら、「これを見てごらん。素人でも変だと分かるだろう。これが腎臓で、ここに鶏卵くらいの塊《かたまり》がある。これががんだ」と説明してくださった。自分から聞いてしまったので、気分的には楽だった。「腎臓は左右に一個ずつあるから、一つ取っても大丈夫」と、先生は事もなげに言った。

それから数日通って、血液検査や再度のCT撮影、いろいろな検査を経て、手術の日が決まった。私が飲んでいた狭心症の薬のなかに、血液が固まりにくくなる薬、いわゆる「血をサラサラにする薬」があった。その薬をやめないと手術中に大出血を起こしてしまうので、K先生は循環器科の担当医と連絡を取り、相談の結果、その薬の効力をなくすために、手術日の一週間前から入院することになった。病床が二十床しかない、こんな小さな病院で手術して大丈夫なのかなと心配になった。

左腎臓全摘出手術は、三時間ほどで無事に終了した。その夜は手術の麻酔が切れて、痛みで呻吟《しんぎん》し寝られなかった。深夜十二時ごろ、突然、院長先生が見舞いに来てくださった。なんと家庭的な病院なんだろうと心が和んだ。

「どうですか、痛みますか。それにしても見事な手術でしたよ、良かったですね」

大出血を予想して輸血の準備もしていたが、たいした出血もなく、本当に手際よく見事な手術だったそうだ。術後の経過も良く、一週間ほどで退院することができた。あとで分かったことだが、K先生はこの道の熟練者で、わざわざ他県から診察を受けに来る人がいるほどの腕前だったのである。

手術後、三回目の診察時に担当医が若い先生に代わっていた。K先生はヘッドハンティングされ、大病院へ移ってしまったのだ。

振り返ってみれば、事は良いほうへ良いほうへと進んでいた。これは親神様のお導きに相違ないと確信した。

私たちの身体《からだ》は親神様からのかりものであり、周囲のあらゆる物は、お与えであると教えられる。そして、お借りしている身体の一部に故障が生じるということは、そこに親神様からの忠告が込められている。私は次のように悟らせていただいた。

腎臓は一度悪くすると、元に戻らないという。その働きは、血液を濾過《ろか》し、老廃物や塩分を尿として排泄《はいせつ》する。血液は、人の誠真実と聞いたことがある。

私は人の誠真実を真摯《しんし》に受けとめて、感謝する心が足りなかったと反省した。

また、「おふでさきに」に「か（借）りたるならばりか（利が）いるで」（三号28）と、お教えくだされている。そうだ、利子の支払い（ご恩報じ）もしていないと気づいた。

お道は、「感謝、慎み、たすけあい」をキーワードに、陽気ぐらし世界を目指している。私はその意味合いを、今回の節を通して強く心に刻むとともに、一層の邁進《まいしん》を誓って、親神様にこう申し上げた。

「長い間、左腎臓をお貸しくださり、ありがとうございました。命ある限り、陽気ぐらしを目指して歩んでまいります。それまで右腎臓は、もう少しお借りいたします」

「身上とは何か」ひたすら考え、すごい何かが見えた件

古川真由美《ふるかわまゆみ》
51歳・契約社員・天理市

身上をご守護いただくとは、どういうことだろう。

かつて私は天理教教会本部の勤務者として勤め、その二十一年間のほとんどを婦人科系の身上とともに過ごした。

最初に手術を勧められたのは四十歳を過ぎたころ。そのときはすぐに決断できず、自分にとってどうすることがベストなのか、ひたすら考え続けた。

あるとき、以前に読んで印象に残っていた『天理時報』の連載エッセー「生

きるって人とつながることだ」（福島智《さとし》・東京大学教授）の一節が、ふと頭に浮かんだ。

「福島よ、目が見えんってどういうことや」

全盲の盲学校教師が、全盲の中学生だった福島少年に投げかけた言葉だ。

この後、福島教授は十八歳で全盲ろうの状態になるのだが、ご自身が盲ろう者になることによって、「人生において真に価値あるものは何か」を問い続けるチャンスが与えられたことは、意味のあることだったと述懐されている。

病気とは、いったい何だろう。

私は二、三十代のころ、病気がすっきり治り、結婚して子宝に恵まれることが、私にとってのご守護だと信じて疑わず、ずっとそう願っていた。だが、その願いは、いつのころからか「身上とは何か」「ご守護とは何か」という問いに変わる。「ご守護いただきたい」と願うばかりでは、その本質にたどり着くことはできないということに、当時の私は気づき始めていたのであろう。

結局、手術を受けたことにより、私の「病気」は治った。しかし、最初に手術を勧められてから決心するまでに二年ほどかかっている。

何かを変えるためには、何かを捨てなければならない。わが身思案やわが身の都合をすべて捨て、親神様にもたれて通る覚悟を決めることができたとき、「身上とは何か」が少し分かった気がした。

「ご守護とは何か」ということを考えるなかで、大きな影響を受けた人物がほかにもいる。

その人は、パラリンピック（アテネ、北京、ロンドン）女子走り幅跳びの日本代表選手で、大学在学中に骨肉腫《しゅ》を発症、右足の膝《ひざ》から下を切断した経歴を持つ。

そんな彼女が、二〇一三年、東京五輪招致委員会プレゼンテーターとして、IOC総会の最終プレゼンでスピーチを行った。そのニュースをたまたまテレビで見ていた私は、かつて経験したことがないくらい強い衝撃を受けた。そしてそれはすぐに、とてつもなく大きな感動へと変わっていった。

彼女は術後、一度は絶望の淵《ふち》に沈むが、大学へ戻って陸上に取り組むようになり、変わる。

「目標を決め、それを越えることに喜びを感じ、新しい自信が生まれました。そして何より、私にとって大切なのは、私が持っているものであって、私が失ったものではないということを学びました」

これは、言い方を変えると、私たちはいま自分に必要なものはすべて持っている、ということになるのではないか。

彼女の言葉を聞いて、いったい何枚のウロコが目から剝《は》がれ落ちただろう。私にはそんな発想、全くなかった。

きっとこれが、親神様が身上を通して私に何より教えたかったことだ、と確信した瞬間だった。「病気が治る」ということは、もちろん大事なことではあるが、ご守護の一つの側面に過ぎない。

昔、信仰の道は、ある意味「捨て方」を学ぶ道のようなものだな、と思ったことがある。私は信仰初代なので、信仰を始めて間もないころ、教えに関しては全く分からないことばかりで、とにかく知識を増やすことだけに躍起になっていた。「捨てる」ことの意味なんて、考えたこともなかった。

だが、「ご守護とは何か」を考える長い日々を過ごしていくうちに、生きるとは捨てることの連続ではないかと思うようになった。

私は身上を通して、私に必要なものは、親神様がすべてお与えくださっていることを知った。

自分のなかの捨てるものは何で、捨てないものは何なのか。

時には間違えたり、失敗したりすることもあるだろう。でも心配はいらない。

失敗上等。また一から始めればいいだけだ。

まだ私には、人生において真に価値あるものが何か分からない。きっと一生、その答えを追い続けていくのだろう。

たぶん、それが人生だ。

第2章 ひのきしんに生きる

撤せんは、ぼくに任せて

齋藤《さいとう》 樹《いつき》
12歳・小学生・青森市

一年前、大事件が起きた。気持ちのいい風がふく晴れた日、じいちゃんが教会の庭にはえている木の葉っぱをかり取ろうとして、はしごから落ちて足を骨折した。じいちゃんは立ち上がれなくなり、そのままばあちゃんに車で病院へ連れていってもらった。検査の結果、しばらく入院することになった。

じいちゃんは、ちょっと難しい部分を骨折してしまったので、すぐには退院できないことが段々と分かってきた。落ちたしょうげきで割れてしまった足の骨を固定する手術も受けなければならなかった。じいちゃんは小児まひで右足が不自由だった。折れたのは、なんと反対の元気な左足のほうだった。

「もしかしたら、このまま歩けなくなって車いす生活になるかもな」とお父さんが言ったので、ぼくはびっくりして、「それはやばい!」と感じた。いつも外で仕事をしているじいちゃんにとって、冬じたくのまき割りがうばわれてしまうのは、生きがいの消滅だからだ。じいちゃんは体が細くて病弱だけど、いつもまきを割って小屋に運んでいるので、妹は最初、じいちゃんは木こりの仕事だとカンちがいしていた。

入院中、お父さんとお母さんと、ぼくと妹と弟の五人で何回もお見まいに行った。「毎日だれかがおさづけをしに来てくれるから、足はあんまりいたくない」とじいちゃんは言っていた。でも、折れた足は真っ黒になっていた。

お父さんたちは、教会の毎日のお供え物の撤《てっ》せんをだれがするのか話し合っていた。お父さんは教務支庁で仕事をしている。お母さんは介護の仕事をしていて、二人ともけっこういそがしい。「樹、学校が終わったら家に帰らないで、そのまま教会へ行ってお手伝いできないか？」ときかれた。教会のばあちゃんは、午後にじいちゃんの病室へ行くので、ちょうど撤せんする大人がいない。だから、五年生だし、樹ならやれるとぼくが注目された。
「樹ががんばってくれれば、だいぶたすかるよ」とお母さんにも言われ、ぼくも段々やる気になってきた。放課後、学校から家とは逆方向に三キロも歩いて教会へ行き、お手伝いのひのきしんが始まった。

最初はお父さんといっしょに教会の撤せんをした。三方《さんぼう》をおろして、どの順番で置くとか、お神酒《みき》すずやお皿の洗い方などを教えてもらった。ばあちゃんがいるときは、二人でおろした。ぼくはお神酒をお下がり用のビンに入れかえる作業が特に好きだった。いつもじいちゃんがお神酒のお下がりを飲んでいたけれど、入院でいなかったので、どんどん溜《た》まっていった。

毎日ぼくが撤せんをしに教会へ行くようになってから、ばあちゃんは、必ずおかしをお供えしていた。そのお下がりが、ひのきしんの後のごほうびのおやつだった。「きょうは板チョコだ！」とお皿を見つめて、早く食べたいなと思いながらおろした。そして、お父さんが来るまでに宿題をやったり、外で遊んだりして待っていた。

時々、教会の近くに住んでいる同じクラスの友達のけいと君が遊びに来て、早く遊びたいから手伝ってもらって、二人で皿洗いをした。そういうとき、ばあちゃんは友達にお下がりの野菜をもたせて帰らせたりした。あと、光洋《こうよう》君も何回か手伝ってくれた。

夏休みに入り、ぼくと二年生の妹は「こどもおぢばがえり」に参加した。「じいちゃんの足がちゃんと治るように神様にお願いしてきなさい」とお母さんに言われた。ばあちゃんが、ぼくと妹におこづかいをくれた。「おぢばへ行って神様のこと、何を学んだか、帰ってきたら、ばあちゃんに話して聞かせてね、それがおみやげ」と言われた。約束通り、おぢばの神殿で、神様に「じいちゃんが歩けるようになりますように」とお願いした。

すると、じいちゃんの退院が八月に決まった。約二カ月して、やっとじいちゃんは教会にもどってきた。退院の日も、ぼくはばあちゃんと病院へ行き、じいちゃんの荷物を車まで運ぶお手伝いをした。じいちゃんはまだまだ完治ではなかったので、車いすで移動し、つえがなければ歩けなかった。神殿の上段は段差があって、じいちゃんはのぼれないので、夏休み中も、二学期になっても、ぼくの撤せんのひのきしんは続いた。時々お母さんが仕事の途中に教会に来て、いっしょに徹せんをした。妹や弟が手伝うときもあった。

じいちゃんがけがをしてから変わったことが、もう一つある。教会の月次祭に毎月ぼくも出るようになったことだ。土日以外でも、学校を休んで月次祭のおつとめの鳴物に出て、後片づけまでお父さんといっしょに、ひのきしんをした。途中から妹も出るようになった。だけど二人して毎回学校を休むと、一年間だと休みすぎになるので、朝、学校へ行き、途中で早退して、おつとめに出ることに決まった。月次祭のお手伝いをすれば、じいちゃんとばあちゃんも、きっと喜ぶだろうと思った。

大事件から一年たった。いつの間にか、じいちゃんは車いすに乗らなくなっていた。車いすは最近、撤せんしたお下がりを乗せて、おして運ぶカートがわりになっている。いつも車を運転して出掛けているし、外でまき割りもしている。たまにつえは必要だけれど、教会のあちこちに置いたまま、つえはよく忘れられている。

じいちゃんはいま、元気に歩いている。

散歩道で毎日の草取り

岩崎和十三《いわさきわとみ》
81歳・主婦・福岡県岡垣町《おかがきまち》

平成元年六月、現住所に引っ越してきた。その年の十月から体重減らしのために歩き始めた。町内の東北部を三コースに分けて歩きまわり、古い地区や団地などを知る機会になった。団地には必ず公園とトイレがあり、寒い時期にもあわてることはない。

夫が六十五歳で第二の職を退いてからは、夕食後、毎日二人でお喋《しゃべ》りをしながら歩いた。春は道端のスミレ、桜や名も知らぬ木々の花たち。田んぼの稲は緑を増していく。西へ向かうと、夏の夕日はビックリするほど美しい。秋は各戸の庭先で菊が出迎えてくれる。周りの山では紅葉や黄葉と、同じ風景は毎日二つとない。

夫と歩き始めたころから、南のコースも増えた。わが家から鹿児島線沿いの道路まで一・五キロくらい。線路に沿って東西に、二百メートルほどの桜並木がある。その歩道は、かずらや萱《かや》、雑草で覆《おお》われており、草をまたいで歩くような状態だった。

ふと見ると、半分壊れた看板があり、「十三桜通り・山田小」の文字がなんとか読み取れた。地元の小学生の手作りのようで、何年前のものか分からない。なんとなくご縁を感じて、桜の根元周りの草だけでもと思い、草取りを始めた。

毎日出掛けて作業をしていると、いろんな人たちから声をかけられた。通勤・通学の人にとっては駅への近道。買い物、犬の散歩、ウオーキングに利用している人もいる。会う人たちからお礼を言われ、こうなると〝途中下車〟はできない。

草を取り始めて間もないころ、「あんた、全部やっとな！（やるのですか）」と大声で怒鳴《どな》られてビックリした。手を止めて見上げると、老人が笑顔で眺めている。「いえいえ、少しずつ、やれることだけ……」と返したものの、心臓はドキドキ大波小波。あの方にすれば、あれはあいさつだったのだと、あとで気づいた。

犬好きの私には、犬も寄ってくる。飼い主さんと親しくなり、『天理時報』を読んでもらったり、それが話題になったりもする。

始めて半年くらい経《た》ったころだろうか、子供会の役員さんから声をかけられた。

「町長表彰に推薦したいのですが……」

「とんでもない、まだ始めたばかりです。十年も続いたら考えましょう」

と、お断りした。二、三年後に地区の人から同じ話を頂いたが、もちろんお断りした。

貧乏農家に生まれ育ち、見よう見まねで土と遊んできた私。花好きも手伝って始めた〝仕事〟？　自分の健康のため、精神安定剤として楽しんでいるだけなのに、多くの人から喜ばれ、お礼を言われ、振り返ってみると十五年余り。思えば当初は、ひのきしんとも思っていなかった。

野草の勢いは凄《すさ》まじく、すぐに根を張って芽を出す。植えたヤブランが根づいてからは草の伸びる勢いが止まり、「やれやれ」と落ち着いたかと思えば、二、三年してからヤブランの花つきが悪くなった。根が増えすぎて共倒れするかもしれないと思い、株分けして国道3号沿いの空き地に植えさせてもらった。草取りの場所が増えたが、花たちのことを思うと苦にはならなかった。

そんなある日、朝食の片づけをしていたら急に息苦しくなった。腹式呼吸を繰り返すうちに戻ったけれど、何の知らせだろう？　いろいろ反省しても思い当たるふしはなかったが、「年齢を考えよ！」ということかもしれないと思い、神様にお願いした。

「八十歳も近くなりました。外仕事は六十分以内にしますから、当分続けさせてください」

以来、草取りの場所を考え直し、いまは桜通りのみを楽しんでいる。

初めて通りかかった人は、「これ一人でやってるの？」と聞く。一緒にやろうと声をかけたら、それこそ「あんたバカじゃないの」と言われる始末。それでも、自然のなかで花たちと語らい、涼しい風に吹かれ、時には小鳥が相手になってくれる。土をほじくっていると虫が出てくるので、小鳥が鎌《かま》のすぐ近くまでやって来る。

一昨年、近くの百円カフェにご縁を頂き、新たな出会いが生まれた。駐車場の周りに花を株分けして植えさせてもらい、草取りや手入れをしている。おいしいケーキとコーヒー（または紅茶）を頂き、ゲームやクイズをしたり、また、体操のお兄さんによる体のケアなど、やさしい体操も教えてもらったりする。

このところ、コロナ禍によってカフェは休みだけれど、私の〝仕事〟は毎日欠かさず頑張っている。ぐっすり眠り、スッキリ目覚め、排便・排尿に「ありがとう」。

昭和二十年代を原点とする私は、何もかも有り難《がた》くて、電気釜《がま》をはじめ洗濯機なども、使用後は必ず「ありがとう」と言っている。

とにかく「生かされている、お借りしている」体であることを実感する毎日。

心から感謝の気持ちで過ごさせていただいている。

趣味を生かした喜びの日々

鈴木洋治《すずきようじ》
76歳・無職・神戸市

令和二年六月中旬、この原稿を書くために部屋でパソコンに向かっている。目を上げると、窓から梅雨空が見える。窓枠には数種類のガラス瓶が並んでいて、それぞれ瓶の底に苔《こけ》などをあしらって自然の景色を再現している。さながら〝緑の箱庭〟だ。これらは、私の趣味である山野草のミニ盆栽の仲間である。

ミニ盆栽は住んでいるマンションの玄関に置かせてもらって、住人たちに季節を楽しんでもらっている。いまは、イチョウの苗木の盆栽とオリヅルランの鉢植え。時季に応じて入れ替えをするため、常に数点の作品を準備しておくのだが、この作業は苦労というより、むしろ楽しみとなっている。

この辺りは神戸市の中心街から北へ、車で三十分ほどの郊外に位置し、ほどよい田舎の風景が周りを囲むのんびりした土地柄である。大阪から移り住んで三十年。近所の荒れ地を花好きの人と開墾した花畑では、春先のスイセンに始まり、チューリップ、クリスマスローズや、品種の異なるバラが彩りを添え、いまはアジサイの季節である。

花畑は子供たちの通学や、住人の散歩に利用される歩道に沿って広がっていて、見栄えの点から草取りなどの手入れも必要であり、夏場は水やりが日課となる。通りがかりの人から「花がきれいですね」と声をかけられることもある。

個人の趣味から始まった花木の世話であるが、それが共に作業をする友人とのつながりを生み、道行く人との会話に発展するのはうれしい。

これも趣味の一つということにしているが、周辺の車道・歩道のごみや空き缶を定期的に拾い集めている。ごみ拾い用のマジックハンド型の道具を手に、北欧家具メーカーの丈夫な大型のショッピングバッグを抱え、数百メートルの距離を、紙くず、たばこの吸い殻、空き缶を無心に拾いながら歩く。歩道を往復すると、ごみは結構な量になるが、内容により分別用ごみ袋に入れ、いったん花畑の隅に置き、マンションのごみ収集日に合わせて集積場へ持っていく。もちろん管理人さんに了解を取っている。歩道での作業中に「ありがとう」と見知らぬ人から声をかけていただくことも。

部屋の隅にある古い木製の片袖机は、妻の父親から譲り受けた年代物である。机上には、太めの竹を切っただけの素朴な筆立てが置いてあり、ボールペンに交じって竹を薄く割って加工したペーパーナイフが入っている。手触りがやわらかで、封筒を開けるときはしっかり役目を果たしてくれる優れものだ。同じく竹で手作りした靴べら、孫の手も大いに役立っている。こうした天然素材を使った〝ものづくり〟も趣味として楽しんでいる。

　数年前、たまたま里山で拾った桜の枯れ枝を加工して、鞄《かばん》などに付けるストラップを作ろうと思いついた。出来上がったストラップを家族や友人にプレゼントしたところ意外にも好評で、それからたくさん作ることに。こうした天然の素材から生まれる手作り作品は、温かみや素朴さが愛され、出会った多くの人に、楽しい会話と共に手渡してきた。

　部屋の奥にある小物入れラックには、材料となる何種類かの木片や、サンドペーパー、取り付け用のリング・ストラップなどが収納されている。また何か、手に取った人が笑顔になるような作品を作ってみたい。
このように、私は生活の場や人との付き合いを楽しく過ごせるよう工夫することを、趣味のようにして過ごしてきた。それは、教典の次の一節が私の心にストンと落ちたからだ。

……必ずしも、土持《つちもち》だけに限らない。欲を忘れて、信仰のままに、喜び勇んで事に当《あた》るならば、それは悉《ことごと》くひのきしんである。（中略）一時の行為《おこない》ではなく、日常の絶えざる喜びの行為である。

（『天理教教典』第八章）

自分のこうした活動も、ひのきしんになると信じて取り組んでいる。これからも人の喜ぶ工夫をすることを〝趣味〟にして、日々を歩んでいきたい。

『天理時報』『みちのとも』データベース作成

山本忠義《やまもとただよし》
62歳・修養科専任講師・天理市

私は以前、天理教校の図書室に勤めていました。学生が利用するのはもっぱら午後で、午前中は比較的、時間にゆとりがあるので、何か有意義なプロジェクトを手掛けて、定年退職までに仕上げたいと考えるようになりました。

そんなとき、『読売新聞』が全紙面のＤＶＤ化を進めていることを知りました。一カ月分を一枚のＤＶＤに収め、キーワードなどで検索すると、該当する記事が一覧表示されるとのこと。評論家の立花隆《たちばなたかし》氏が使用体験記で、「これを使える環境にあるかどうかで、研究論文の生産効率も、（中略）十倍どころか百倍くらい違ってくるだろう」と絶賛していました。

この記事は、まさに天啓でした。天理教には『天理時報』と『みちのとも』があり、この二紙誌で天理教の歴史が分かります。当時、私は「天理教史」の講義を担当していましたので、格好の教材にもなると思い、この二紙誌の記事のデータベースを作成しようと思い立ちました。

まずは『みちのとも』から取りかかりました。『みちのとも総目次』（第一巻～第八十一巻）をスキャナーで読み取り、OCRソフト（文字認識ソフトウェア）でテキスト化。それをデータベースソフトに吸い上げるという手順でデジタル化していきました。使用したソフトがスキャナーに付属するおまけだったため、精度が低く、誤認識がかなりあり、その訂正がとても大変でした。第八十二巻以降は、毎年十二月号の巻末に掲載されている総目次を利用しました。多少の苦労はありましたが、『みちのとも』の巻数・年号・立教年・西暦・分類項目・記事名・掲載月・ページを記したデータベースが、まず出来上がりました。

問題は『天理時報』です。『天理時報縮刷版』の巻頭にある総目次を利用する計画だったのですが、十七年分ほど付いていない期間があるのです。その部分は、紙面と直接にらめっこして記事名を入力することになりました。漏れ落ちがないように、入力の済んだ見出しはコピーにマーカーでチェックしていきます。前後の総目次の索引を基準に、適宜、分類項目の追加や削除、修正を加えながらデータを整えていきました。

作業はローテクで大変手間がかかるのですが、時々手を止めて本文を読んでしまい、余計に時間がかかってしまうこともしばしば。でも、これがまた楽しいのです。

この原稿を執筆している時点で、『天理時報』は昭和二十一年から二十四年まで未完です。「『天理時報』創刊九十年」に花を添えようと、日夜紙面を相手に、手打ち入力に勤《いそ》しんでいます。

出来上がったデータベースを実際に使ってみると、人名やキーワード、分類名などで検索できるので、とても便利です。そこで、天理教校の図書室だけで使用するのはもったいないので、天理大学附属天理図書館と道友社編集出版課に提供して、活用していただいています。

ここで、データベースの活用例を紹介しましょう。

現在、私は天理教校での勤めを終え、修養科に勤務しています。修養科は来年に開設八十周年を迎えるため、二〇二一年秋を目標に『修養科八十年史』を編纂《へんさん》中です。その素材として、「修養科」のキーワードで『天理時報』のデータベースを検索すると、なんと約二千件の記事がヒットしました。その大半は修養科生の感話やリポートなのですが、なかには「へぇ、こんなことがあったのか」と感心するような、隠れた記事を拾い出すこともできました。

また、「天理教点字文庫」が来年、開設五十周年を迎えるに当たって、関連記事を活用していただいています。実は、私は「点訳ひのきしん者」養成のための通信講座を受講しています。「点字」「点訳」のキーワードで関連記事を抽出して、布教部社会福祉課にお知らせしたところ喜んでいただき、追加でキーワードのリクエストがあり、再検索しました。

もっと身近な例では、あるとき、知人から「二時のサイレンのいわれを知りたいんだけど、何か知らない？」と聞かれ、データベースを駆使して解決したことがありました。

天理図書館職員のある方は、試しに自分の珍しい名字を検索してみたところ、たった一件ヒット。それは彼の曾祖母《そうそぼ》の記事で、献立を紹介した小さなコラムだったとか。祖父に記事を見せたところ、そんなことは全く知らなかったそうで、びっくりされたということでした。


ひのきしんは、「かしもの・かりもの」の身体《からだ》をはじめとする親神様のご守護に感謝を捧《ささ》げる行為です。それは「時間《とき》をお供えする」ことでもあると、私は思っています。

データベース作成のひのきしんは、とてつもない時間を要しました。しかし、それだけの価値のあるものだと、作業を終えてみて思います。一人でも多くの方に利用していただければ、ひのきしん者冥利《みょうり》に尽きるというものです。

病院で続けるパネルシアター

小成《こなり》慎治《しんじ》
70歳・印刷業・大阪府門真《かどま》市

私は、パネルシアターを「ひのきしん」として続けています。パネルシアターとは、パネル布という毛羽《けば》立ちの良い布を貼《は》ったパネルボードを舞台に、不織布で作った絵人形を貼ったり動かしたりしながら展開する人形劇です。

始めたきっかけは、妻が支部で行われた少年会本部主催の講習会を受講したことでした。早速、小さなパネルシアターを手作りして、近所の子供たちを家に集めて披露しました。お菓子も用意して、コタツの天板のネル地を貼ってある裏側をパネルに利用して上演したのですが、子供たちの反応はイマイチで、妻はがっかりしてしまいました。

そばで見ていた私は、「絵をもっと大きくしてみたらどうだろう」「今度は、できるだけ台本を見ないで、子供たちの顔を見ながらお喋《しゃべ》りしてみたら？」などと提案しましたが、妻は諦《あきら》めてしまいました。

ならば私がやってみようと思い立ち、老人ホームや子供会などへ、伝手《つて》を頼って押しかけ上演をするようになりました。

パネルシアターの良いところは、演じながら見ている人に話しかけて、コミュニケーションを取れることです。相手の反応や、いろんな絵本を参考にして、自分なりに作品作りの工夫をしました。そして毎月、自宅でパネルシアターを上演するようになったのです。手作りのチラシを持って近所を回り、子供たちを誘いました。見に来てくれた子供たちのなかには、「こどもおぢばがえり」に参加してくれた子もいました。

やがて、その子供たちが大きくなり、自宅でパネルシアターをすることがなくなっていきました。せっかく作った作品を、どこかで上演できないかと考え、頭に浮かんだのが病院でした。「入院している患者さんに見せたら喜んでもらえるのでは」。そう思って、勤めていた会社から一番近い病院へ行きました。

最初は病院の許可も取らずに休憩所でやったので、大変怒られました。次の日、パネルを持参して、病院の事務所で実演して見てもらったところ、とても感心してくださり、それからは月一回、土曜日の夜七時半から上演することになりました。病院のほうで毎回ポスターまで貼ってくださいました。以来、今年で三十五年になります。

パネルシアターには、毎回五人から十人ほどの患者さんや、その家族の方が集まってくださいます。私は、ただ人形劇をするだけではいけないと思い、始める前に、ひと言お話をすることにしました。

当初は、同行してくれていた教会長である父にお願いしました。父は「病気の好きな人はいませんね。でも、病気は向こうから知らない間にやって来ます」「大切なのは感謝の心です。病気になってもありがとう！　先生ありがとう、看護師さんありがとう、家族にありがとうと、感謝の気持ちを伝えましょう」などと、明るい心の持ち方について話してくれました。

実際には、パネルシアターを知らない人がほとんどなので、ポスターには「日本昔話・大変面白い紙芝居」と書きます。最初に拍子木を打って、「はじまり、はじまりー！」と口上を述べて雰囲気を盛り上げます。終わったあとに

「面白かった」と言ってくれたり、子供のころに見た紙芝居の話をしてくれたりする人もいます。皆さん、いつも別れるころには顔が明るくなっています。握手をして、「お大事に！　元気を出して頑張ってくださいね」と言って別れます。

時には「いいことなさってますね。ボランティアですか？」と聞かれることもあります。そのときに初めて「私の家は天理教の教会です。何か人に喜んでもらえることはないかと思って始めました」と伝えます。そして、神様のお話を取り次ぎ、おさづけをさせていただきます。

病院でのパネルシアターは、新型コロナウイルス感染拡大防止のため、今年三月から休止することにしました。そのことを絵手紙で病院に知らせたところ、「コロナが終息したら、また来てくださいね！」と、心温まるうれしい返事を頂きました。

入院患者さんとの交流は、そのときだけのものですが、いつもパネルシアターを通して心がつながり合うのを感じ、温かい気持ちになります。自然と感謝の念が湧《わ》いてきて、その思いを、別れ際の「こちらこそ、ありがとうございました!」という言葉に込めて伝えます。

こんな形の私の「ひのきしん」ですが、これからもたくさんの人に喜んでいただけるよう、続けていきたいと思います。

親子で歩むご恩報じの道

田中一慶《たなかかずよし》
34歳・教会長後継者・岐阜市

私が生まれ育った教会は、山や川、田畑に囲まれた自然豊かな場所にある。地域の人々のつながりが強く、農事にまつわる行事も多い。この土地で先代は、にをいがけ・おたすけに奔走し、教会名称のお許しを戴《いただ》いた。教会設立から五十年。先代の思いを受け継ぎ、地域に根差した教会を目指して、教会長である父と共に、にをいがけ・おたすけに走り回っている。

「つとめさせていただきます」

今日も受話器を握る父の声が聞こえてきた。父は、一見したところ健康そのものだが、実は「緑内障」を患い、目が不自由だ。車の運転を控えているため、御用には私が同行する。そのおかげで、私は父の信仰姿勢に学ぶ機会を数多く与えてもらっている。

その一つが、「ようぼくの三信条」の一つと教えられる「ひのきしんの態度」だ。父に同行すると、ひのきしんの御用をたびたび頂く。道専務で通る者として、これほどうれしいことはない。その際、父は私に「何をするのか」「何のために行くのか」を事前に告げないことが多い。父の服装を見て、出発前に慌《あわ》てて着替えることもある。そんな父とつとめた「ひのきしん」を、いくつか振り返ってみようと思う。

「午前八時に出発」

毎月十八日は上級教会の祭典日。上級教会につながる部内教会のなかで、私たちの教会が一番近いので、当日は最初に参って祭典の準備ひのきしんをつとめる。出発時間を八時にしているのは、遠方の教会の方が八時に出発するから。つくし・はこびを大切にし、誠の心でつとめる姿を見て、教会長後継者として学ぶ〝親子ひのきしん〟になっている。


「ここに入って」

ある日、父の道案内で現場に着いた。山のふもとにある土場《どば》だった。見知らぬ人が父と談笑し始めた。以前、にをいがけ中に知り合った人のようだ。

「これ、全部よろしいですか」と、父が指さす先に、無数に積み上げられた間

郵便はがき

料金受取人払郵便

天理局
承認

971

差出有効期間
令和５年10月
31日まで

６３２８７９０

日本郵便天理郵便局 私書箱30号
天理教道友社

「日々陽気ぐらし」
係行

※書ける範囲で結構です。

お名前	（男・女）　歳
ご住所（〒　　-　　）電話	
ご職業	関心のある出版分野は

天理教信者の方は、次の中から該当する立場に○をつけてください。
●教会長　●教会長夫人　●布教所長　●教会役員
●教人　●よふぼく　●その他（　　　　）

ご購読ありがとうございました。今後の参考にさせていただきますので、下の項目についてご意見・ご感想をお聞かせください。

※なお、匿名で広告等に掲載させていただく場合がございます。

この本の出版を何でお知りになりましたか。

1．『天理時報』『みちのとも』『人間いきいき通信』を見て
2．インターネットを見て
3．人にすすめられて
4．書店の店頭で見て（書店名　　　　　　　　　　）
5．その他（　　　　　　　　　　　　　　　　　　）

本書についてのご感想をお聞かせください。

道友社の出版物について、または今後刊行を希望される出版物について、ご意見がありましたらお書きください。

ご協力ありがとうございました。

伐材があった。その瞬間、薪《まき》として使うために、これらの木を大教会まで運ぶひのきしんだと分かった。声をかけ合いながらトラックに積み込む。一日かけて運搬し、父と汗を流した。

「ひのきしんできる格好で用水路に来て」

この日も父から電話がかかってきた。駆けつけると、用水路の暗渠《あんきょ》の部分に大きな丸太が落ちてしまったという。申し訳なさそうに頭を下げる業者の方。伐採中に誤って落としてしまったのを、たまたま通りかかった父が後始末を引き受けたのだ。丸太は道路の下を流れる水路に引っかかり、どの辺りにあるのか父には見えないようだった。農繁期を迎え、雨期ということもあって水位が高く、道路の下にもぐることはできない。

父はいつも前向きで、よほどのことがない限り、その口から「諦《あきら》める」「後日に持ち越す」という言葉は出てこない。この日もそうだった。自転車に乗って上流へ移動し、水量を調節するための水門を二人で探し回った。数十分後、大きな丸太は道路の下をくぐり抜け、ごみ取り用の柵に引っかかった。水量は膝《ひざ》あたりに下がっていたので、二人で用水路に入り、丸太をかかえようとしたが、押しても引いても動かない。そこで、弟に電話をすることにした。仕事は休みだったようで、すぐに駆けつけてくれた。父は、弟が教会近くに居を構えていることを喜んでいた。十分後、無事に丸太を用水路から出すことができた。三人で力を合わせた〝親子ひのきしん〟だった。

「田んぼの近くの土手にいるよ」

この日、父は除草作業をしていた。毎年、地域で行っている草刈りが雨天で中止になったため、土手の草が伸び放題になっていた。この土手には芝桜が植えられていて、本来なら美しい景観が望める場所。「地域の方に見て楽しんでもらいたい」という父の思いにふれ、私も草をつかむ手に自然と力が入った。作業は何日にも及んだ。

その最中、父の心配りを見た。それは、ごみ袋の使い方。刈り取った草を、まず使用済みの肥料の袋に入れ、それを市指定のごみ袋に入れていた。指定のごみ袋では、硬い草の茎を入れると破れてしまう。ごみを収集する人への配慮も欠かさない、底なしの親切を垣間《かいま》見た。

父は目の身上のため、一人で遠くには行けない。だから、教会近くで「ひのきしん」を続けてきた。その積み重ねが、地域の方へのにをいがけ・おたすけの足がかりとなり、さまざまな場面で頼ってもらえる教会へとつながっている。父の「ひのきしんの態度」を通して、「伏せ込む姿勢」の尊さを学んだ。

ふとしたときに、「こんなとき、父だったらどうするだろうか」と自分自身のつとめ方を振り返る。そして、父の背中を懸命に追いかけながら、同じ道を歩む自分がいることに気づく。実は、私も緑内障。「見えなくなるかもしれない」という不安を、父の姿を支えにして乗り越えてきた。

「一緒につとめさせていただきます」

これが私たち親子の合言葉。私たちにとって、目の前に広がる道は、親子で歩むご恩報じの道。足元にある幸せを感じながら、今日もひのきしん人生を駆け抜けていく。

絶望的状況から立ち上がってくるもの

上田禮子《うえだれいこ》
67歳・前教会長夫人・大阪市

東日本大震災は、ひのきしんを新しい視点で捉《とら》えるきっかけをつくってくれた。ひのきしんは、親神様に身体《からだ》をお借りしていることへの感謝の行い、また「日の寄進」として〝時間のお供え〟とも教えられる。阪神・淡路大震災の救援ひのきしんの際も、そんな気持ちを胸に充満させて出掛けたものだった。

東日本大震災発生後、私の住まう大阪教区では、毎月マイクロバスを出し、宮城県を中心に救援のひのきしんを募った。私も被災地へ四回赴《おもむ》いた。

しかし、なんだろう、気持ちが晴れない。一生懸命ひのきしんをしている自分がいるけれども、その気持ちに違和感が生まれてきた。宗教者、いやその前に天理教の信仰者としての意義や意味を、ひのきしんの中に全く見いだせなくなっていた。なんだろう、被災した方にかける言葉が虚《むな》しく、固まってしまうのだ。

信仰者として、無力な自分をさらし、そんな自分と向き合うことを避けようとしている自分がいる。振り返ると、綺麗《きれい》ごとな言葉、おざなりな言葉、安易な言葉をどれほど使ってきたか。「言葉一つがようぼくの力」とも教えられる。言葉と祈りは宗教家の財産のようなもの。でも、いままでのそれらは嘘《うそ》っぱちで、偽善者だったのではと、ひどく落ち込んだ。

東松島市《ひがしまつしま》で救援作業をしていたときに、突然、ある感覚に襲われた。

「この身体は、神のからだの一部を凝縮する形で貸していただいている。ならば、神様から借りたこの身体を、何かに、誰かに投じるというのは、本質のところで神の人類に対する思い、神の祈りの具現ではないか？　この身体には、神の人類に対する祈りが刻印されている。陽気ぐらしという、人間はたすけあいをするように創《つく》ったのだという祈りが刻印されたこの身体を、何かに、誰かに投ずること、つまりひのしきんは、言葉以上の祈りなんだ」

この感覚に、私は救われた気持ちになった。

そのころ教会本部は「この大節を〝わが事〟と受けとめて」「親神様はたすけあいを促している」とのメッセージを出し、天理教関係施設へ被災された方々を大々的に受け入れるなど、積極的な救援活動を展開していた。

しかし、個人的には東北は遠すぎる。わが事として受けとめて何ができるかと悩んだ。考えついたのが、本部の取り組みにならい、教会の一棟を被災者に提供することだった。すると、五十数件の問い合わせがあったが、「天理教の教会の敷地内にある一軒家です」と答えると、音信がいったん途絶えた。そのなかで、福島県などから五家族十七人が、一週間から二カ月間滞在した。ひのきしんという大げさなことは何もせず、ただただ安全な場所で安心してもらうだけだった。

ある滞在者から、「津波の被災者は大阪のような遠い所には来ないと思うが、原発の被災者は、できるだけ遠い所に逃げたいというのが心情」だと言われ、これは一つ大きな発見だった。また、原発の被災者は、家も財産も家族も、目に見える無残な姿で失うことはないけれど、気持ちはとても不幸で、特に子供を持つ親の心配は計り知れない。故郷《ふるさと》で復興できる津波被災者と、再び故郷に住める日が来るのかどうか分からない原発の被災者との違いだという。

そんななかで、最も印象的だったのが、原発から二十キロほどしか離れていない富岡町《とみおかまち》のご家族のことだ。

年の瀬が押し迫るころ、正月の餅《もち》つきを終えて詰所から帰阪した夜に、「三月十一日に無我夢中で行けるところまで逃げ、山形まで来た。明日すぐにでも大阪へ向かい、そちらで正月を過ごしたい」という連絡が入った。急だったが、離れの家の冷蔵庫に、冬休み中、不自由しないだけの食べ物と、お米と調味料を用意した。

しかし翌日、夜の十一時になっても見えない。とうとう十二時を回った。諦《あきら》めかけたとき、屋根に雪を載せた白いワゴン車が着いた。途中、北陸の雪で大幅に遅れたという。

大みそかの晩、教会の駐車場に止められた、家族を無事に乗せてきた車を見た。車体は、泥が跳ねて屋根までどろどろで、雪道を休まず、ひたすら走ってきた疲労感が漂っていた。あのご家族を、どんな言葉で迎えたらいいか分からなかったし、以前の体験から考えて、無理に言葉をかけなくてもいいとは思っていた。しかし、その車を見たときに、思わず「本当によく来たね。よく**さん家族をここまで乗せてきてくれたね。ご苦労さん、ご苦労さん」と、車に声をかけていた。

そして、車の汚れを雑巾で落とさずにはおれなかった。タイヤのホイールの中まで分厚い泥が絡まっていた。福島のナンバープレートの泥を拭《ぬぐ》ったときに、涙がとめどもなくこぼれ落ちた。丁寧に拭《ふ》きながら、さまざまなことが頭のなかで交錯した。自分の生き方、自分の生きている意義、人類の生き方、地震によって引き起こされた二次災害の原発のこと、親神様のこと、信仰者として生きていること……。

いままでひのきしんという行為をさせていただいたことはたくさんある。しかし、私にとって一番のひのきしんは、このときの福島で被災された方の車を磨《みが》いたことに集約している。たったの一回だから〝日〟の寄進ではないだろう。しかし、私にとって、神に対して、＊＊さんを代表として被災者の方に、生き物に、物に、さまざまな思いが巡り、かりものの世界に生きている実感が漲《みなぎ》って、そのことを涙でもって知った、ひのきしんだったのである。

第3章

私の「陽気ぐらし」

“美味い饅頭”になるために

甲斐《かい》宣行《のぶゆき》
80歳・教会長・大分県中津《なかつ》市

私ども夫婦は、おぢば帰りの際には、ほとんどフェリーのお世話になっていますが、その回数も振り返れば、いつの間にか一千回ほどになりました。四十年近い間に積み重ねられた、この船の道中には、船中ならではのさまざまなドラマがありました。

毎月二十日、福岡の新門司《しんもじ》港からフェリーに乗り、翌朝、大阪・南港《なんこう》に到着。上級教会と大教会の月次祭に参拝させていただき、講社祭などの御用を済ませてからおぢばへ向かうのが、先代から受け継いだお決まりのコースです。

その日も、ご本部の秋の大祭に参拝させていただき、南港からのフェリーで帰路に就きました。

船内は、九州へ帰る大勢の教友の方々で賑《にぎ》わっています。私たち夫婦も決められた部屋に入り、二人並んで夕食を頂くと、なんだかわが家に帰りついたような寛《くつろ》いだ気分になり、着替えを済ませてお風呂へ行くことにしました。これも船旅の楽しみの一つです。

船のお風呂は大きくて、大人が十四、五人は入れます。しかし、この日は大祭の帰りですから、きっと混んでいるだろうと思いながらお風呂のドアを開けますと、下駄箱の感じではまだ七、八人程度の様子。タイミングが良さそうだったので、入ることにしました。

脱衣所で服を脱いでいると、全く声が聞こえず静かで、なんだかいつもと違って変だなあと思いつつ、浴室のドアを開けて、一瞬ギョッとしました。浴室の入り口のすぐそばの洗い場で、大きな男が体を洗っていました。頭は見事なスキンヘッドで、首から下は足首まで真っ青に見えるほどの刺青《いれずみ》をしていました。

このまま引き返すわけにもいかず、私は、浴槽のふちで体を洗って静かに体を湯船に沈めました。あらためて周りを見ると、皆さんも一様に目をつむっているか、あらぬ方を向いて沈黙を守っています。

大方の公衆のお風呂では、刺青を入れた人はご遠慮くださいということになっているのですが、その大きな背中からは「文句があるなら言ってみろ」というような凄《すご》いオーラが出ていました。私も、そこに居た皆さんと同様に、その人がお風呂から上がるのをじっと待つことにしました。

そこに、浴室のドアがカラカラと開いて、四、五歳くらいの男の子が入ってきました。

その子は入り口で坊主頭をぴょこんと下げて、大きな声で「こんばんは！」とあいさつをしました。皆一様にわれに返って、「こんばんは」と声に出したのですが、その子は、すぐそばにいたスキンヘッドの大きなおじさんに「おじさん、こんばんは！」と、また、ぴょこんと頭を下げました。するとおじさんは、くしゃくしゃの笑顔で「ようボン、こんばんは！」と答えました。その瞬間、怖いおじさんは普通のおじさんになっていました。

浴室の空気はガラッと変わりました。闇の夜から一瞬で、春風が吹く野原に出てきたような陽気な空気が満ちて、皆さんは賑やかにお喋《しゃべ》りを始めたのです。

私はこのとき、「あ、教祖だ！」と、思わず湯船の中で手を合わせました。

この子の出現は、お風呂の中でじっと固まっていた人たちを助けてくれましたが、同時に一番助けられたのは、皆を威圧していた本人ではないだろうかと私には思えました。教祖が教えてくださる陽気ぐらしとは、このようにして創《つく》り出されるのだと、深い感動とともに大きな喜びを味わわせていただきました。

そのとき、私の心に浮かんだのは、四十四、五年前に家内と上級教会に住み込ませていただいていたときのことです。そのころ教会には、大勢の住み込みさんがおられて、昼からはそれぞれ、にをいがけに出ていかれました。しかし会長さんは、なぜか私には「おまえは、にをいがけに行かんでよい。教会でひのきしんをさせてもらえ」と言って、なかなか出してくださいませんでした。

ある日、「なぜ私は、にをいがけに出られないのでしょうか」と会長さんに尋ねると、しばらく思案された後、「ここに饅頭《まんじゅう》がある。湯気も立っていて良い匂《にお》いもしている、見るからに美味《うま》そうな饅頭だ。この饅頭を差し出せば、誰もが黙っていても食べてくれる。しかし、見るからにまずそうな饅頭を出され、『この饅頭は美味《おい》しいものです』と能書きを並べられても、周りの人間は、かえって胡散《うさん》くさく思うだけで、誰も手は出さないだろう。おまえの出す饅頭は、見るからにまずい！」と言われたのを、昨日のことのように思い出しました。

教祖は、私たちに陽気ぐらしをさせたいとの親神様の思召《おぼしめし》から、この教えを啓《ひら》かれ、さらに子供可愛《かわい》い親心から、御身をもって陽気ぐらしへの道をお示しくださいました。その親心を世界に伝えるお手伝いをさせていただく私自身が、陽気ぐらしとはかけ離れた姿であったなら、どんなに教理を学んでも「門前の小僧」に過ぎず、とても教祖のお手伝いはかなわないでしょう。陽気ぐらしへの道を歩むうえで、教祖を自分の心から離してはならないことを、あらためて心に刻ませていただきました。

お風呂場で大活躍したあの子も、その場の空気を察して、なんとか皆を助けたいとか、ましてや自分がなんとかせねばというような思いはなかったと思います。ただ、いつも言われている親の教えを自然に身に行い、あとから来る親に「おりこうさん」と言ってもらえるのがうれしかったに違いないと思うとき、私もこれからは、ほんの小さなことからでも、わがことは横に置いて、まずは教祖がお喜びくださることを実践していこうと心に定めた次第です。

私の陽気ぐらしへの道は、自らが〝美味い饅頭〟になるための、精進の日々そのものです。

見えないご守護に生かされて

湯浅幹也《ゆあさみきや》
84歳・無職・大阪市

陽気ぐらし世界の実現は、容易ではないとも言われるが、私はあまり難しく考えないようにしている。

私たちは、天地抱き合わせの親神様の懐《ふところ》で、大いなる慈愛に包まれて生かされている。そのことを常に心の底に置いて生きること、これが「陽気ぐらし」の原点だと思っている。そして、日常生活で遭遇《そうぐう》する悲しみや苦しみを、喜び心や感謝の気持ちに切り替えることができるかどうかが、大事な点だろう。私は、そのために、次の教祖のお言葉を胸に日々を暮らしている。

どんな辛《つら》い事や嫌な事でも、結構と思うてすれば、天に届く理、神様受け取り下さる理は、結構に変えて下さる。

（『稿本天理教教祖伝逸話篇』一四四「天に届く理」）

昨年、妻が脳梗塞《こうそく》で倒れた。身体《からだ》が少し不自由になり、私が家事の大半を受け持つことになった。やることは増えたが、それによって、私の心の持ち方は以前より〝豊か〟になった。

たとえば、捨てるごみに「ありがとう」と感謝の気持ちを持てるようになった。調理後に出る生ごみのなかには、サンマの頭や骨、リンゴの皮や芯などがある。妻が元気なころは、ごみのことなど考えたこともなかったが、骨や芯の働きがあってこそ魚や果物が育ち、おかげで脂の乗った海の幸を味わい、新鮮な果物を頂くことができるのだと気づいた。

また、風呂の浴槽の水を抜いて掃除をするとき、うるおいとぬくみを与えてくれたこの水が、太平洋まで流れ着いて、陽光にきらめく波となっているさまを想像して、「ありがとう」と心中つぶやいたりしている。

わがことながら、こんな自分を不思議に感じることもある。自分で家事をするまでは、そんなことを考えもしなかった。この世の万物は、神様からのお与えだと聞かせていただくが、そのことを実感として味わうことで、日々何ごとに対しても、「ありがとう」という感謝の気持ちを持てるようになった。おかげで私の生き方は、少しだけ陽気ぐらしに近づいたように思う。

この世は、目に見える世界と見えない世界が表裏一体となって成り立っている。ともすると私たちは、目に見えるものだけで物事の価値を判断してしまう。

目に見えない世界に、もっと心を配るべきではないだろうか。その最たるものが、身の内の働きだろう。

私たちのこの身体は、神様からのかしものであり、人間からすれば、かりものである。そして、身の内のご守護は、直接目で見ることはできない。しかし、私たちが眠っている間も、体中に血液は流れ、心臓や肺などの臓器は休むことなく働いてくださっている。

親神様が身の内のお働きを止められると、返すつもりがなくても、私たちはこの身体を返さざるを得ない。

このたびの新型コロナウイルスの世界的な感染拡大は、目に見えない空気中のウイルスによるものである。「目に見えない空気のご守護を通して、目に見えないご守護の数々を感じ取りなさい」という神様からのメッセージだと、私なりに思案している。
私にとって「生かされている」という実感は、吸う息、吐く息である呼吸が最たるものだ。呼吸が止まったら数分で死を覚悟しなければならない。酸素は体内で蓄えることができず、脳細胞が死んでしまう。だから私は、次のおさしづを肝に銘じて日々暮らすよう心している。

蝶《ちょう》や花のようと言うて育てる中、蝶や花と言うも息一筋が蝶や花である。
（明治27年3月18日）

心のなかで唱えるたびに、生かされて生きるありがたさが、しみじみと心に染みてくる。

ありがとうノート

窪田《くぼた》なお
14歳・中学生・奈良県御所《ごせ》市

「お父さ~ん、雨が降ってるわ。自転車で学校へ行ったら、ビチョビチョにな
るかなあ」

「風邪ひいたら大変や、送っていこうか」

「やったあ！　ありがとう」

父と再びこんな会話ができるとは、半年前には想像もできませんでした。

昨年の秋、父の目の下に大きなコブができました。周りの人から「早く病院へ行ったら?」と言われても、「これくらい大丈夫。すぐに治るよ」と、なかなか行こうとしません。

年末になっても治らなかったので、父はやっと病院へ行きました。検査の結果は、思いがけないものでした。

「悪性リンパ腫《しゅ》です。すぐに治療を始めます」

父はもちろん、家族みんなが驚きました。私は「なんで、お父さんがこんな病気になったのだろう」と思いました。

その後、検査を進めていくうちに、のどやお腹《なか》にも腫ようがあることが分かり、半年ほど入院することになりました。

それでも父は、「大丈夫や。神様は、がんで苦しんでいる人の心が分かるようにと、お父さんに教えてくれているんや。だから、喜んで通らせてもらおう」と言います。でも私は、半年も父のいない生活が始まることと、父の病状への不安で、胸が押しつぶされそうでした。

父が入院してからは、毎日たくさんの人がおさづけに通ってくださいました。「みんな、お父さんがたすかるように祈ってくれているのだなあ」と思いました。

私も、父のために何かしようと考えました。そのとき、「ありがとうをたくさん言うと、がんが治った」という内容の本があったのを思い出しました。そこで、家族みんなの「ありがとう」を集めようと思い、みんなに一日の「ありがとう」をＬＩＮＥ《ライン》で送ってもらうことにしました。

それから、毎日送られてくるみんなの「ありがとう」を、ノートに書き写すようになりました。

たとえば、こんな感じです。

父は「きょうも薬や点滴など、身体《からだ》に与えてもらってありがたい」。

母は「みんなに手伝ってもらって、月次祭を勤めさせていただいた」。

長兄家族は「息子が〝カアカ〟って言えるようになった」。

看護師の兄は「夜勤中、みんな静かに寝てくれている」。

女子青年勤めの姉は「きょう初めて作ったロールキャベツ、美味《おい》しいなあと言ってくれた」。

中学校の教師をしている兄は「先生の授業が一番楽しいと言ってくれた」。

父の入院中におさづけの理を戴《いただ》いた兄は「初めてのおさづけを父に取り次がせていただいた」。

高校生の兄は「バレンタインのチョコをもらえた」。

そして私は「新入生が部活体験に、いっぱい来てくれてありがとう」。

こうして毎日続けてみて、ありがとうって、こんなに身近にたくさんあるんだと実感しました。それに、みんなの一日の様子がよく分かり、このノートのおかげで家族がつながっているように感じました。

父は、毎日たくさんの人からおさづけを取り次いでいただきました。また、自分も点滴スタンドをゴロゴロ押しながら、同室の人や周りの患者さんにおさづけを取り次いだそうです。

そうするうちに、父の顔のコブはみるみる小さくなって、一カ月くらいで、なんと元の顔に戻っていったのです。本当に不思議でした。「おさづけってすごい」と思いました。

そして六月。抗がん剤の治療も終わり、父は無事、退院できることになりました。定期的な通院は必要ですが、元気になって帰ってきたのです。

「ありがとうノート」は五冊目になりました。私は、このノートを書いているうちに、いつの間にか不安な気持ちがなくなっていたことに気がつきました。そして、神様のことを信じられるようになり、家族みんなのことが以前よりも大好きになりました。

ありがとうの周りには笑顔が広がることも実感しました。みんなのありがとうがいっぱい集まって、父は元気になりました。

また、家族でご飯を食べたり、学校へ行ったり、友達と遊んだり、いままで当たり前だと思っていたことは、すべて神様に守られているおかげでできていたのだと、あらためて思いました。これからも神様への感謝を込めて、もっともっと「ありがとう」を増やしていきたいと思います。

天気は相変わらずの梅雨空で、明日も雨になりそうです。また、お願いしようかな。

「お父さ〜ん、明日も送って！」

社交ダンスで得た契機

石塚《いしづか》 勝《まさる》
67歳・富山県立大学名誉教授・富山市

いまから三十九年前、私は大手電機メーカーに就職した。スポーツか、何か習い事を始めたいと思っていたところ、職場から寮までの通勤路の途中に社交ダンススタジオがあったので、そこへ通うことにした。社交ダンスを選んだ理由は、スタジオのある場所が通うのに便利だったことと、以前からなんとなく「習いたいなあ」と思っていたという程度だった。

私は全くの初心者だったので、優しい女性の先生についてブルースから習い始めた。優しく指導され、毎週二回通っていたので、男性としては上達も早いほうだったらしい。

そして一年が経《た》ったころ、先生から「三カ月後に社交ダンスの神奈川県大会があるの。モダン四種目のうちの〝クイックステップ〟に欠員が出たので、やってみない？」と声をかけられた。

「まだ始めて一年だし、クイックはやったことがないので……」とためらっていると、「鍛えるわよ」と先生が微笑《ほほえ》むので、何も考えずに「はい」と受けてしまった。それからが地獄の日々であった。

週二回のレッスンが四回になり、先生の優しいまなざしは、獣《けもの》が牙を剝《む》いたときのような目つきになった。レッスンの費用はかさみ、技術は遅々として上達せず、毎回「なにやってんの！」と怒鳴《どな》られ、肩を落としながらスタジオを後にしていた。

ダンスをやめてしまおうかとも思ったが、私は意地になってスタジオへ通った。その姿は、当時は気がつかなかったが、相当強情で頑固な性格が出ていたのだと思う。

二カ月が経過したある日、「きょうも怒られるんだろうなあ」とうなだれてスタジオへ行った。予約時間よりも早めに着いたので、ぼんやりとソファに座っていると、別の女性の先生と、私よりも後に入会した男性のレッスンが始まった。私はその様子に、うっとりと見とれた。

「石塚さん、どうしたの？」

気づいたら私の先生が横に来て、いつもと違う笑顔で立っていた。

「あの人、うまくなったなあ！」と率直に言うと、先生はこう言った。

「石塚さん、ほかの人がうまく見えるときは、あなたもうまくなっているんですよ」

そのときは、「そんなものか」としか思わなかったが、あとでじっくりと考えてみた。そして、自分の癖《くせ》性分に気がついた。自分の調子が良いときは相手のことも褒《ほ》められるが、少しでも悪いときは、つい、ほかの人の悪口や陰口を言ってしまうのだ。おまけに、私は人の陰口を面白おかしく言う癖があった。悪気がなければいいだろう、という甘い気持ちでいた。他人の悪口や陰口を言うことほど自分が惨《みじ》めなことはないというのに。

私は、幼いころから信仰初代の母親に連れられて所属教会へ通うようになり、大学一年生のとき、おさづけの理を戴《いただ》いた。日ごろから道の先輩たちに「陽気ぐらしには心澄みきることが大事だ」と教《おそ》わり、頭では理解していても、心から納得できずにいた。

「あの人、うまくなったなあ」と思ったときの自分は、それまでの強情で頑固だった性格が、怖い先生の厳しさに磨《みが》かれ、欲も恨みも削《そ》ぎ落とされて、一瞬、澄みきった心に近かったのかもしれない。それこそ「癖、性分を取りなされや」との教えに導くために、神様がその先生に出会わせてくれたのではないかと、いまでは思う。

あの日以来、レッスンで先生に怒られた記憶がない。大会まで、まだ二十日程度あったので、レッスンの内容は変わっていないと思うのだが、私の心が変わり、そう思わなくなったのかもしれない。ダンスの県大会では、相応の演技ができたと思う。

他人の良いところを見ながら通らせてもらうことで、自分でも気づかないうちに人への感謝が湧《わ》いてきて、心も明るくなったように思う。その最たる例が妻への気持ちの変化であり、感謝の心が増し、けんかも少なくなった。

その後、三十年間は大きな事情・身上もなく通らせていただいた。それでも心のほこりは知らずしらずのうちに積もっていたのか、七年前に前立腺《ぜんりつせん》がんという身上を頂いた。大きな手術を経験したが、ありがたいことに、無事にいまを迎えさせていただいている。このようにご守護いただいたのも、「他人の良いところを見よう」という思いがあったからこそだと思っている。

昨年十二月から修養科を、今年六月からは教人資格講習会を受講させていただいた。おぢばで過ごす期間は楽しく、大切なお道の仲間もできた。これからも日々感謝して「陽気ぐらし」を求め、人の良いところ見て、明るく通らせていただこうと思う。

百歳まで現役

常包艶子《つねかねつやこ》

88歳・布教所長・高松市

一年半ほど前から文章作法のカルチャー教室に通っている。月に二回、二時間ほどの勉強会で、教材を持ち帰って自宅でも研鑽《けんさん》する。それを聞いた知人は驚いて、「よう頑張るなあ」と言う。

私の学生時代は戦争の真っただ中で、軍の縫製《ほうせい》工場の勤労奉仕や、農家の手伝いに明け暮れ、文章の書き方など満足に教えてもらえなかった。この年まで自己流の文章作法で通してきて、ずいぶん恥ずかしい思いをしたこともあった。

年寄りの冷や水だが、私の「陽気ぐらし」について書いてみたい。

私が天理教に入信したのは昭和三十六年。五歳の長男が、風呂屋の大火鉢に腰掛けようとして、お尻に大火傷《やけど》を負い入院したことがきっかけだった。病院で治療をしていたころ、ある布教師の方が、三日三晩絶食して、おさづけを取り次いでくださった。火傷は薄紙を剝《は》ぐように、見事に回復していった。

「常包さんの坊やが、火傷の痕《あと》も残らず、きれいに治った」と病院の先生が、来る人来る人に自慢していると噂《うわさ》で聞いた。けれど私は、他人の子供のために絶食までしてお祈りをしてくださった布教師のおかげだと思った。

何かお礼をしたいと伝えると、「教会の神様にお参りしてくれませんか」と言われた。「お参りはしても、天理教の信者にはならない」と思いながら承諾し、教会へ行くことにした。

先方も良い日を選んだものだ。誰もいない教会へ案内するのではなく、その日は、ちょうど教会設立十周年で、本部から先生が来られる日だった。

当時、まだ小さい二階建ての民家だった教会は、参拝者が道路にまであふれ、私は二階へ上る階段に、小鳥のように縮こまって座った。本部の先生のお話はとても分かりやすく、熱が入ると、べらんめえ調になり、身振り手振りも相まって、「さすが」と思いながら聞き入った。

「人間に生まれてきた限りは、男と女しかいない。神様は、人間同士が仲良く楽しく暮らす様子を天上から見て喜ばれるが、現実は病気、災難、離婚など苦しいことが多い。泣いて暮らすより、陽気に一生を暮らしなさい」

お参りだけと思って来たのに、陽気ぐらしのお話を聞いて、そんな気持ちは吹き飛んでしまった。そして、自ら「おぢばへ行こう」と決め、その月から一度も欠かさず別席を運び、おさづけの理を拝戴《はいたい》した。のちに布教所を開設することになった折には、「東〝陽〟布教所と名前を付けていただけませんか」とお願いして、「陽気」の「陽」の字を頂いた。

そのころ、私は大手生命保険会社に入社し、以来三十年余り、セールスの仕事に明け暮れた。会社の講習会では、「保険のセールスは、お客さまの人生に関わる仕事であり、聖職の一つといわれる」と教《おそ》わった。そこで私は、お客さまの悩みや不安に寄り添って、陽気に暮らしてもらえるよう、精いっぱい努めた。

たとえば、家計簿のつけ方を助言したり、「節約して、早めに家を建てるといいですよ」とアドバイスをしたり。子育てやご主人との関係に悩んでいる人には、教会で聞かせていただいた先生の話を引いて、相談に乗ることもあった。

また、就職をお世話したり、仲人として二十組ほど縁談をまとめたりもした。ときどきお節介が過ぎて、主人から「あんたは白黒がハッキリしすぎや。真ん中に灰色もあるんやで」「日本に生まれてくるのが五十年早《はよ》うて、理解してもらえんのや」と言われることもあった。私にすれば、みんなに陽気に暮らしてもらいたいだけなのだが……。

それでも仕事ぶりが認められ、多くの支部長さんの支持を受けて、新人の教育担当の任に就いたりもした。担当した新人のなかから、営業部長や支部長など、多くの人材が輩出したのは、うれしいことだった。

また、父が茶華道の師匠で、子供のころからよく手伝っていたこともあり、若いころに茶華道の資格を取得した。その経験を生かして、退職後に、地域の婦人会や、親しくしている他の教会の方々にも呼びかけて、お茶会「和《なごみ》の会」

を立ち上げた。以来、今年で十三年、老人施設の訪問や、お茶の道具とお菓子を持って、一人暮らしのお宅など方々《ほうぼう》を訪ねる「お茶箱行脚《あんぎゃ》」を続けている。お湯さえあれば、どこでもお茶を楽しめるので、訪問先の方々にとても喜んでもらえ、にをいがけにもつながっている。「常包さん、長いことよう頑張っとるなあ」と言ってくださるが、これも陽気ぐらしの賜物《たまもの》である。皆さんに喜んでいただけるよう、元気なうちはまだまだ頑張りたい。

上級教会と自教会の祭典日は毎月欠かさず参拝し、おぢばにも毎年帰らせてもらい、これも元気な体を神様より貸していただけたおかげだと思っている。また、上級の会長さん、自教会の会長さんをはじめとする、周りの人間関係に恵まれていることにも感謝している。

今年、二回目の修養科を志願し、若いクラスメートや担任の先生に助けられながら三カ月を過ごした。互いにたすけ合い、クラス全員が無事に修了できたのも大変うれしかった。

もう一つ、冒頭で述べた文章教室では、若い人と一緒に机を並べて勉強している。これも私の陽気ぐらし実践への新たな原動力になっている。これからも百歳目指して、頑張りたい。

「陽気ぐらし」へのベクトル

川田真紀子《かわたまきこ》
45歳・主婦・アメリカ

新型コロナウイルス感染拡大による混乱のなか、アメリカ・カリフォルニア州では、二〇二〇年三月十九日に自宅待機命令「ステイ・アット・ホーム・オーダー」が発令された。その後、数カ月に及ぶ自粛生活のなか、私は本当の意味の「陽気ぐらし」に気づき、そこへ向かうための心のベクトルを見つけた気がする。

アメリカの学校では、親の送迎やスクールバスで登下校する子供が大半。わが家の子供たち三人も、それぞれ別の学校に通っているので、毎日、車で三カ所の送り迎えをしなければならなかった。さらに、学校の活動や習い事があるときは、タクシードライバーのごとく、一日中、運転している日もあった。それに加えて、コロナ禍以前はラーメン屋でアルバイトをしていたため、学校の送迎に家事にアルバイトと多忙で、ただ時間が過ぎていくだけの、感謝や喜びを感じることの少ない日々を送っていた。

子供たちが毎日元気に学校へ行けること、自分も元気に働けること、自由に外出できること、人と会って話すこと――。すべて当たり前だと、いつしか思うようになっていた。

家族みんながそれぞれに忙しく、一緒に過ごす時間は短かったが、家族という名の絆《きずな》でつながっているつもりでいた。会話が少なくても明るい言葉と態度で過ごしているつもり、「陽気ぐらし」をしている〝つもり〟だった。

しかし、自宅待機命令が出てからは、子供たちは自宅学習になり、私もアルバイトを辞めて、子供たちと家で過ごす生活になった。いままでのように時間に追われることはなくなり、気持ちに余裕が生まれた。

朝夕のおつとめの際は、事態の収まりを子供たちと真剣に願い、無事に元気に過ごさせていただいていることへのお礼を、親神様・教祖に申し上げた。

家族そろって食事をする時間が増えると、会話が弾むようになり、食事のとき以外でも一緒に過ごす時間や笑い合う機会が増え、私たち家族の心は次第に変わっていった。

不自由のなかで、いままで当たり前だと思っていたすべてのことは、何一つ当たり前ではなく、親神様のご守護だったのだと気づき、感謝の気持ちが芽生えた。人と握手もハグもできない、一定の距離を取ることを義務化される状況になって初めて、人とのつながりの大切さに気づいた。自分のことよりも家族や友人、知人のことを思い、気にかけ、自分にできることを探そうとする心が生まれた。

地球規模ですべての人々が同じ危機に直面し、たすけ合って乗り越えていかねばならない状況下では、国籍も人種も性別も年齢も関係なく、まさに私たちは「一れつ兄弟姉妹《きょうだい》」なのだと、あらためて思う。

そして、いま多くの人が感じているであろう、身の周りのものへの感謝、人への思いやりの心を持ち続けることが、親神様がお望みになる「陽気ぐらし」の世界に近づき、この困難な状況を乗り越えていく歩みにつながるのではないかと思う。

私自身、国家非常事態の宣言後、多くの人が買い占めに走り、店から肉や卵、トイレットペーパーなどが消えたとき、目に見えない恐怖と不安を感じた。しかし、お与えいただいているご守護に感謝し、いまを喜ぶように心がけるうちに、小さなことにも喜びを感じるように心の向きが変わっていった。

それでも、不安で心が沈みそうなときは、おふでさきを拝読した。

にち〳〵にをやのしやんとゆうものわ
たすけるもよふばかりをもてる　（十四　35）

はや〳〵と心そろをてしいかりと
つとめするならせかいをさまる　（十四　92）

特に、この二つのおうたは勇気を与えてくれた。私たちがようぼくとして、いまできることは、周りの人のたすかりを願い、みんなで心を揃《そろ》えて、真剣におつとめを勤めさせていただくことなのだと、繰り返し胸に刻んだ。

そしてある日、店で久しぶりに肉と卵が売られているのを見たとき、心から「うれしい、ありがたい」と感じて、自然と笑顔になっていた。私の心は、いつの間にか「見るもの聞くものすべてがうれしい、ありがたい」と喜び、感謝できる心に変わっていた。

私は、この数カ月間の生活を通して実感した「陽気ぐらし」へ向かう生き方を、周囲の人たちに伝えていきたい。先の見えない状況のなかでも、絶望したり誰かを責めたりするのではなく、いまある喜びを探し、互いにたすけ合うことの大切さを。そして、幸せかどうかは、物事の見方、聞き方、何より心の持ち方で変わるということを。

それは、湖に小石を投げるようなことかもしれないけれど、波紋が静かに広がって、いつしか大きな喜びの輪になることを夢見ている。

“宝の山”へ登る道を

小野崎《おのざき》 宰《おさむ》
63歳・教会長・栃木県矢板《やいた》市

「神様なんて、どこにいるんだ！」

Yさんは激高した。私が話しかけた親神様の話を、彼はこう怒鳴《どな》って拒絶した。

Yさんとは、十年ほど前のにをいがけで知り合った。過去に火事を出し、四畳半ほどの小屋に一人で住んでいた。小屋の中央に薪《まき》ストーブがあり、周りに生活必需品が並んでいる。衣類は天井に張ったロープに掛け、奥の長椅子《いす》で寝起きしていた。時折訪ねるうちに親しくなり、私にできることを探った。

知り合って二年目の正月、鏡餅《もち》のお下がりを届けに立ち寄った。だが、いつもと様子が違う。表情はうつろで呂律《ろれつ》が回らない。左半身がまひして立てなくなっていた。手元に積んであった薪で暖を取り、溜《た》め置きの水だけで三日間過ごしていたという。電話はなく、隣家とも離れていて、救《たす》けを呼べない。ただ誰かが来てくれるのを待つしかなかった。そこへ、私が訪ねたのである。薪も水も残り少なくなっていた。あと一日遅かったら……と考えると、ぞっとした。

私は市役所へ駆け込んだ。というのも、十分なお金がないのと、治療費の未払いもあったことから「病院に行けない」と訴えるので、どうしたらよいか相談した。生活保護の手続きを進めると、すぐに救急車の手配をしてくれて、無事に治療を受けることができた。私は、教祖のお導きに感謝した。

その後、半年間の入院治療を経て、立って歩けるまでに回復し、退院が叶《かな》った。しかし、いままでのように自転車に乗れなくなり、買い物へ行けなくなった。燃《も》し木を山から担いでくることもできなくなった。

教祖から任されたおたすけに私は奔走した。Yさんを車に乗せ、銀行で生活保護費を下ろし、食品などの買い出しをする。小屋には風呂がないので、強烈な体臭が彼から漂う。服やズボンは煤《すす》だらけで、あちこち擦り切れ、髪も髭《ひげ》も伸び放題である。近所の人たちは「原始人」と揶揄《やゆ》していた。そんな彼が、銀行やスーパーに姿を現すと、多くの人は一瞥《いちべつ》して、素知らぬ振りをする。

買い物が済むと、彼の小屋でひと休みした。そこで親神様の話を始めたところ、急に声を荒らげた。冒頭の暴言に続いて「いるなら、ここに連れてきてみろ!」と、まるで私に挑戦状をたたきつけるかのようだった。

それから私は、いつか神様の存在を信じてもらえるよう努めた。一週間ほどの間隔で彼を訪ね、要望に応える。その一つ、燃し木の調達には難渋した。親《しん》戚《せき》や友人、知人に頼み込んで譲ってもらったり、雪が残る山から間伐材を集めて届けたこともある。

折々に話を聴いていると、彼の不遇な境遇に胸が痛んだ。庶子としてこの世に生を受け、中学のときに母親との死別を経験し、その後の人生も次々と不幸が続いた。そのたびに天を呪い、自分の力だけを頼りに生きてきたようだった。

親切の限りを尽くしたつもりである。だが、Yさんとの別れは突然訪れた。

昨年二月、数日ぶりに訪ねると、煤と汗で真っ黒に汚れた毛布を頭からかぶったまま、冷たくなっていた。極寒のなか、ストーブの火が消えかかって寒くなっても、起き上がる気力が出ずに力尽きたようだった。

その夜、彼のおたすけについて思案を巡らせた。体が不自由になってから、九年の月日が流れていた。別席を運んでもらいたいと、おぢばに誘ったこともあるが、長時間の移動を嫌がった。おさづけも途中から拒絶され、神様の存在も信じてもらえなかった。私がしてきたことは、おたすけだったのだろうか。抗《あらが》えない虚《むな》しさが、全身の毛穴から、心の奥底まで染み込んでいくようだった。

『稿本天理教教祖伝逸話篇』に、「宝の山」（一七二）というお話がある。

「大きな河《かわ》に、橋杭《はしぐい》のない橋がある。その橋を渡って行けば、宝の山に上《の》ぼって、結構なものを頂くことが出来る。けれども、途中まで行くと、橋杭がないから揺れる。そのために、中途からかえるから、宝を頂けぬ。けれども、そこを一生懸命で、落ちないように渡って行くと、宝の山がある。山の頂上に上ぼれば、結構なものを頂けるが、途中でけわしい所があると、

「そこからかえるから、宝が頂けないのやで」

教祖が仰せられる「宝」とは、目に見えない徳であり、陽気ぐらしの姿が身の周りに起こってくることだと思う。宝を手に入れるために渡る「橋杭のない橋」とは、信仰の浅いときに、本当にこの教えを信じていけばいいのかと揺れる迷いだと考えられる。その橋を渡りきった先、つまり迷いがなくなって、この道の信仰をしっかり歩んでいこうと、地に足の着いた信仰生活に入った先が、宝の山に登る道だと思う。にをいがけ・おたすけでの苦労の道中は、宝の山に至る道筋だと考えられるのではないか。〝陽気ぐらしへの道〟といっても過言ではない。私はそう信じて、実践してきた。それが、この結末である。

彼が出直した翌朝、別の方の相談で市役所へ重い足を運んだ。すると、社会福祉課長が私を見るなり飛んできて、「Yさんの身内の方が、遺骨の引き取りを拒否していて……」と打ち明けてくれた。教会の納骨堂のことを話すと、即座に認可された。

これは不思議なことだった。このような場合、市が管理する墓地に、無縁仏扱いで埋葬されるのが一般的である。Yさんが望んだのか、教祖が絶妙なタイミングで導いてくださった。出直し後ではあるが、Yさんが神様とつながることができたと思い、感涙した。

後日、身内の方や、彼を支援してくれていた方が、教会へ参拝に来てくださり、納骨堂に花を手向《たむ》けてくれた。彼が霊様《みたま》となって働いてくれたのだと思う。

私は、これからも陽気ぐらしへの山道を、懸命に這《は》い上がっていこうと、強く決意した。

「陽気ぐらしの決心」をお供えする

佐藤隆夫《さとうたかお》
75歳・技術コンサルタント、和菓子販売・天理市

「私は陽気ぐらしができているのだろうか？」

と自問してみる。

「親神様・教祖のご守護を疑って暮らしているのではないか？」

「…そんなことは…」

「いや、疑っている…」

おさづけを取り次がせていただいた方が出直したり、病が重くなってしまっ

たり、こちらの思惑通りにいかないときは、「なんで、こんなことになるのか」と考え込んでしまうのです。「何があっても喜んで通る」のは、言うは易《やす》く、行うは難《かた》きことです。

五十二年前、さる教会の孫娘さんとご縁がありました。未信の自分に嫁いできてくれた妻は、予告なしに「神様の祀《まつ》り込み」を決行し、私は〝黒衣の踊り〟と、初めて聞く神様とのファーストコンタクトを果たしました。

その後、予想外の収入や交通事故など、「飴《あめ》と鞭《むち》」を思わせる度重なるお導きを経て、いまは信仰者を名乗り、見ず知らずの方にもおさづけを取り次がせていただけるまでに導かれました。おかげさまで、日々を陽気に過ごさせていただいています。しかし、何かが足りないような、疑心や無駄な思案が、五十年にわたり湧《わ》き続けていました。

教祖百三十年祭まで、あと百日ほどに迫ったある日、自暴自棄になった方へのおたすけで「親子でおぢばで陽気に暮らす決心を、親神様にお供えして、自身の病と子供の念願成就《じょうじゅ》を祈ってみてはどうですか？」と提案してみました。すると、年祭の旬と立て合ったのでしょう、見事にすべてが叶《かな》ったのです。

このおたすけをきっかけに、私は「喜びの心を親神様にお供えすれば、喜びの結果のご守護を頂戴《ちょうだい》できるのだ」という心の持ち方に目覚めました。さらに、「自らの〝陽気ぐらしの決心〟をお供えして人のたすかりをお願いすると、その人に親神様がお働きくださり、ご守護が現実となる」との信念を持つに至り、その実践を心がけることにしました。

この日を境に、すべてが一変しました。あるとき、ハワイから帰参していた子供がアイスキャンデーを食べていて、目の前で胃けいれんを起こしました。

すぐにおさづけを取り次がせていただいたところ、事なきを得ました。その後、六人の方から立て続けに、おさづけのお取り次ぎの依頼がありました。私の〝おたすけギア〟が上がり、トップスピードまで加速したのです。

それから、おさづけのお取り次ぎをさせていただく方が増え続け、目に見えるご守護もたくさん頂戴するようになりました。

そんな日々のなか、ふと周囲を見回して、ある書道家から頂いた墨跡《ぼくせき》が目に留まりました。次のおさしづの一節を題材にしたものでした。

嬉《うれ》しい〳〵通れば、理が回りて来る。（明治34年7月15日）

私が日々の目標としていることが、すでにそこに書かれています。これまで毎日、目にしていたはずなのに、意識することはありませんでした。ようやく、お言葉の心境を味わうことができるようになった自分の歩みの遅さを思い知りました。

ある日、過労が原因で、三男が一週間行方不明になり、お嫁さんから相談を受けました。「かねて予定していた、神様の祀り込みを心定めしてください」と伝え、お嫁さんが心定めをすると、一週間ぶりに本人から連絡がありました。「かんろだいの前で、われに返った」と。

その後、スムーズに円満な信仰へと三男一家をお導きいただき、宅祭を勤めることができるようになりました。私は〝陽気ぐらしの決心〟をお供えする大切さを、あらためて実感しました。

そんな折、新型コロナウイルスがやって来ました。この事態を、果たして私たちは喜べるでしょうか。相前後して、外国の方との関わりが増えてきました。「言葉の壁を越えて、にをいがけ・おたすけ」。これがコロナ禍を台にした親神様のお急《せ》き込みのように、私には感じられます。

外国の方々のおぢばで過ごされた感想は、率直で感動します。「おぢばでは、会いたいときに、会いたい人と偶然会える」「分からない日本語があっても、心が伝わって目と目で相手の意図が分かる」など、奇跡に思えることを口にします。そこに、教祖のお働きと後押しを感じます。

代を重ねた教友にも、いろいろな身上・事情が降りかかってきています。そういう方とは「その不幸が、ありがたいお手引きで、お導きだと考える方法もあるかもしれませんね」と、納得していただくまでねりあいを続けます。

また、「ご守護が長続きしない」「孫が不治の身上だ」など、ひと言では答えられない難問が次々と突きつけられます。「教祖の課題が、だんだん難しくなってくるなあ」と答えを模索しながら、「まずは、おさづけをさせていただきましょう」と、教祖におすがりする日々です。幸い、基本的な教えを体感しておられる方は、「〝陽気ぐらしの決心〟のお供え」に、素直に同意してくれます。未信仰の方には、まず、こちらの陽気ぐらしの様子を見ていただけるように、お世話取りを心がけます。

いかなる状況であっても、「自らが陽気ぐらしをする決心」をお供えして、「嬉しい嬉しい」と日々を通らせていただくことが親孝行と信じ、おぢばで家業にいそしみ、おたすけに励んでいます。

そんな夢のような人生を、心はわくわく、身はふわふわと東に西に、親神様に導かれるままに七十五歳を通過しました。金婚式はできなかったけれど、五十年連れ添ってくれた妻に感謝！　そして教祖に感謝！　今日もありがとうございます。

喜ぶ理は天の理に適う

髙橋真司《たかはししんじ》
58歳・教会長・東京都板橋区

平成三十年、妻が「子宮肉腫《にくしゅ》」の手術を受けました。一年間で十万人に一人という希少がんです。妻の通う大学病院でも過去に症例がなく、開腹するまで「子宮筋腫」との区別がつきませんでした。

手術前日には、腫瘍《しゅよう》の重さは一キロという説明でしたが、実際には四・五キロと巨大でした。病理検査の結果は悪性の肉腫で、「平滑筋《へいかつきん》肉腫ⅠB期」とのこと。医者に尋ねても分からないことが多く、ネットで検索してみると、この病気は猛スピードで進行すること、五年後の生存確率が低いこと、治療法が確立していないこと、抗がん剤の奏効率が低いことなどが分かりました。

幸いにも摘出手術は成功し、転移もありませんでした。医者からは再発予防として化学療法を勧められましたが、それも有効とは言い難《がた》いようで、医者は「賭け」という言葉で説明してくれました。医者が賭けで治療する、いわば「医者の手余り」と言える病気でした。結局、抗がん剤治療は、十分なエビデンスが確立していないので行わず、経過観察を選択しました。

それから半年が経《た》ち、師走を迎えても元気に過ごす妻を見て、もう大丈夫だろうと思い始めたころに再発が分かりました。再度、抗がん剤治療を勧められましたが、妻はそれを拒否しました。再発したら神様に治してもらうと、ひそかに決めていたようです。医者はもちろん、私も子供たちも治療を受けるように説得しました。妻は渋りましたが、年明けに抗がん剤治療の予約を入れることは承知してくれました。

しかし、年末から正月にかけて夫婦で話を重ねるうちに、「この道を信仰しているのだから、神様が私に、この身上を下さった意味を悟らせてもらいたい。どうせ賭けるのなら、神様に賭けてみたい」という妻の思いを痛いほど感じ、妻の望み通りにさせてやりたいと思うようになりました。

妻は、初回の抗がん剤治療を当日になってすっぽかし、医者にひどく叱《しか》られました。そのときに、「抗がん剤治療のほかには薬も治療法もないので、今後は緩和ケアのことも考えてください」と言われました。余命については、「はっきりいつまでとは言えないけれど、そんなに長くは生きられない」と告げられました。ショックでした。再発したら難しいと覚悟はしていましたが、現実として受けとめることは容易ではありませんでした。

その日から妻は、いま生きていることを喜び、神様から身体《からだ》をお借りしていることに感謝して、一日一日をありがたい、結構と思って生きていくことを心に定めました。お腹《なか》の中には五センチの腫瘍がありますが、薬一つ飲むことはありません。今日一日を喜んで生きることが薬であり、毎日のおさづけと、信者さんをはじめとする方々の真実のお願いづとめが心の支えでした。

身体がしんどくて寝込む日もありましたが、そんなときには、「やったー！」と言ってバンザイをし、身体中で喜んでみることを始めました。そうすると身体の中の細胞が、いきいきと元気になるように感じるそうです。病気だから喜べないのではなく、病気だけれどありがたいと、喜ぶことを実践していました。いつしか妻の周りには笑顔が増え、病気の妻が、教会を明るく和やかに変えてくれました。

そんな心が天の理に適《かな》ったのでしょうか。不思議なことに、春になるにつれて元気に過ごせる日が増えていき、夏を迎えるころには寝込むこともなくなり、猛暑のなかの「こどもおぢばがえり」に帰参することができました。そして秋になり、十月の診察では、五センチの肉腫が二・二センチまで小さくなり、もともと小さかったもう一つは、消えて無くなっていることが分かりました。

その年の正月には「化学療法をしても、肉腫は小さくなることはあっても無くなることはない」と言われていたのに、九カ月で不思議なご守護をお見せいただきました。神様にもたれて、どんななかも喜びに変えて通った妻の心を神様が大きく受け取ってくださり、うれしくて、ありがたいお働きを頂戴《ちょうだい》しました。医者からは「髙橋さんの勝ちね」と言われたそうです。

さらに、いまでは肉腫の大きさが二センチほどになり、一部が石灰化していて、どうやら終息に向かっているとのこと。去年のいまごろは死を覚悟していたことが夢のようです。

親神様の心は、いつも子供である人間を可愛《かわい》い、そしてたすけたいという思いで溢《あふ》れているのだと思います。その思いを妻が十分に頂戴することができたのは、どんななかでも神様が連れて通ってくださることを信じて、いまを喜んで生きるという心を定め、一日一日をありがたい、結構と、明るい心で通ったからでしょう。心通りに、明るいご守護をお与えくださされたのだと思います。

「おさしづ」に、

あちらでも喜ぶ、こちらでも喜ぶ。喜ぶ理は天の理に適う。

(明治33年7月14日)

とあります。喜ぶことは神様の望まれる陽気ぐらしに通じる道だと思います。喜べないことを喜びに変えていく心を、親神様は喜んでくださる。そのことを、妻の身上を通して教えていただいたように思います。そして、それは私たち夫婦にとって、かけがえのない宝物となりました。

いまゝでと心しいかりいれかへて
よふきつくめの心なるよふ
（おふでさき 十一 53）

せっかく頂戴した結構な宝物を失わないように、夫婦の心を、天の理に適う陽気な心に入れ替えて、明るくおたすけのできる教会を築いていきたいと思います。

デイサービスでおたすけ

永《なが》井《い》幸子《さちこ》
94歳・前々教会長夫人・愛知県豊橋《とよはし》市

三年前、主人が九十二歳で出直しました。以前は、主人の運転する車に乗って、信者さんのお宅へ伺い、話を聴かせていただいたり、おさづけを取り次いだりしていた私も、足が痛くなってきたこともあって、すっかり家にこもって、本や『天理時報』を読んだり、居眠りしたりする生活になってしまいました。

私がだんだん老化していくのを心配して、会長夫妻や娘たちが、デイサービスへ通うよう手続きをしてくれました。週に一日だけ行くことになり、平成二十八年八月、初めて出掛けました。

施設に到着して部屋に入ると、利用者の方が十二、三人、職員の方が四人いらっしゃいました。「きょうからお仲間になる永井幸子さんです」と先生から紹介していただき、「よろしくお願いします」とあいさつしましたが、誰一人、返事がかえってきません。見かねた先生が「みんな、よろしくね」と言ってくださいました。

その後、先生から「きょうお迎えに行ったら、玄関に天理教と書いてあったけど、天理教ってどういう宗教？」と聞かれました。そこで私は「お時間、一時間くらい頂けますか」とお断りして、拍手《かしわで》を打ち、お話の取り次ぎを始めました。

「天保八年十月二十六日、中山家の長男秀司《しゅうじ》様は母親のみき様と共に畑仕事に出たとき、急に左足が痛みだし……夫の善兵衛《ぜんべえ》様は、ほかに道はないと決心し『みきを差し上げます』とお受けしました。ここに、天理教が始まったのでございます……」

私の話を四人の先生方はじっと聞いてくださいました。あとの方たちは「この人はなんだ？」という顔をして、私を見ていました。

私はこのとき思いました。自分では、まだデイサービスへ行くのは早いと思っていたけれど、きっと、ここでおたすけをしなさいという神様の思召《おぼしめし》ではないか？　週に一日だけでも皆さんに明るい笑顔が戻るよう努めるのが私のおたすけなのだ――そう思うと、神様は九十歳を過ぎて足が悪くなった私にも、まだまだできることをお与えくださったのだと、喜びが湧《わ》いてくるのでした。

それからは、部屋に入るときは「おはよう！」と大きな声をかけるようにしました。最初は一人も返事がありませんでしたが、一人また一人と返事をかえしてくれるようになりました。

そうするうちに、おさづけをお取り次ぎする機会も与えていただきました。昨年二月、お風呂のある日のことでした。利用者のMさんが「熱があるから、お風呂はやめる」と訴えました。二人の先生は十人の方々をお風呂へ連れていかなければならないので、「私がMさんと残ります」と申し出ました。

ベッドで寝ているMさんの額に手を当ててみると、三十八度はありそうな熱さです。頭も痛いと言うので、「実は私は、神様から、人さまが病気のとき拝ませていただくお宝を頂いているのよ。よかったら拝ませていただこうか」と声をかけました。すると、「この熱が下がるなら拝んでください」と言われましたので、おぢばの方角に向かってお願いし、おさづけを取り次がせていただきました。

三十分ほどすると、Mさんは「気分が良くなった」と言って体を起こせるようになり、びっくりしました。戻ってきた先生や、ほかの方も「もう良くなったの？」と驚いて、不思議そうな顔をしているので、おさづけを取り次いだことを説明すると、先生から何度もお礼を言われました。

それから三カ月経《た》ったある日、隣で食事をしていたOさんが突然、喉《のど》に何か詰まらせて苦しみだしました。二人の先生と背中をたたいても治まりません。先生は「誰かあ！」と言って医師を探しに飛んでいきました。

本人は苦しんでいるので、「拝ませてもらうね」と言って、返事を待たずにおさづけを取り次ぎました。取り次ぎが終わり、「親神様、教祖、ありがとうございました」と二拍手したとき、Oさんの口から、親指より少し大きい鶏のから揚げがポロっと落ちました。

戻ってきた先生は、そのから揚げを見て「ああ、よかった。出たんだね」と胸を撫《な》で下ろしました。

「永井さんに拝んでもらったら鶏肉が自然に飛び出てきて、なんとも言えん、不思議な気持ちだった。命拾いしました。ありがとう」

Oさんが何度もお礼を言うので、「もうお礼は十分よ」と言って、手を取り合って喜びました。

また、悩み事のある人の話を聴かせていただくこともあります。たとえば、お嫁さんとうまくいっていない人が三人ほどいました。その方々の不満を吐き出してもらい、そのうえで、お嫁さんの良いところも聞き出し、「まずは、そのことだけでも喜ばせていただこうね」と助言しました。なかなか一朝一夕にはいきませんが、時々、その方々からお嫁さんを褒《ほ》める言葉が出てくるようになり、表情も明るくなってきたように思います。

私がデイサービスに通い始めて四年が経ちました。いまでは利用者の方々にお道のことを少しは分かってもらえるようになったと思います。

あるとき「神様は人間の寿命を百十五歳と定めてくださったけれど、ここにいる人は八十歳から九十歳の人が多いから、百歳まではいけるかもね」と私が言うと、「百歳まで生きたい！」と手を上げた人が七人もいました。

また、八つのほこりを分かりやすくお話しし、「いままでに、こんな心を使った人はお詫《わ》びをして、これからは神様のお喜びくださる心づかいをして通りましょう」と言うと、五人が一斉に「はーい」と手を上げてくれました。以前は、会話がほとんどなかったのに、いまでは和気あいあいとした雰囲気に満ちています。

週にたった一日のデイサービスですが、ここが、いまの私の陽気ぐらしの場所です。皆さんに少しでも喜んでいただけるよう、教祖の道を思い起こしながら、これからも毎日を陽気に通りたいと思います。

娘と共に「明るくいそいそと」

栗田道徳《くりたみちのり》
55歳・教会長・横浜市

毎晩十時が娘の就寝の時間である。親父《おやじ》は、娘を〝お姫様抱っこ〟して抱え上げる。妻は娘のベッドメイキング。今年二十二歳の娘は身体障碍《しょうがい》者である。共に生きた二十二年は苦労の多いものであったが、決して不幸な人生ではなかった。

娘は平成十年二月に誕生した。生まれてすぐ、産婦人科へ行った帰り道に、娘の成長や、いずれ迎える幸せな未来を想像してうれしくなった。それだけでなく、芦屋雁之助《あしやがんのすけ》の『娘よ』を口ずさみながら、いつか嫁に行くのかと思うだけで悲しくなってしまうほどの幸せを感じていた。

しかし一週間後、溶連菌《ようれんきん》に感染していたことが分かり、それが原因で「脳髄《ずい》膜《まく》炎」を発症した。親父にとって、それはまさに青天の霹靂《へきれき》であった。夢心地からどん底へ落ち込んでいき、病状は進んで「水頭症」となる。二度の脳の手術によって一命は取り留めたが、三カ月後、退院するころには目が見えなくなっていた。

その後、「てんかん」の症状が現れる。最初は夜昼を問わず泣く子の姿に、普通の子供と同じようにお腹《なか》がすいているのだとミルクを飲ませるが、すぐに吐く。発作で泣いていることが分からなかった。四カ月を過ぎるころには、水も喉《のど》を越さなくなっていった。そして、てんかんの治療のため入院した際には

「一生、車椅子《いす》での生活になるでしょう」と。思いもよらない娘の状態を知らされるたびに、「そんなことはないだろう」と思うが、それも空《むな》しいことであった。そんななか、最終的には、「進行している小脳の水頭症の影響で脳幹が圧迫され、いつ呼吸が止まってもおかしくない。二歳くらいが山場です」と言われ、覚悟をしつつ日々を過ごした。

その後、風邪をひくたびに「肺炎」となり、常に吸引が必要な状態になった。年に三回以上は入院した。夜中に何度、病院へ走っただろうか。そんな入院の繰り返しの原因には、親父のミスも度々あった。妻が所用などで数日、家を空けると、決まって体調を崩す。妻は、娘が苦しそうに喉をゴロゴロさせると吸引したり、体位を変えたりして、うまく体調を管理している。排痰《はいたん》のための胸のツボを分かっているので、うまく押さえながら咳《せき》をさせ、痰を吸引している。

そのテクニックは看護師以上かもしれない。

しかし親父は、娘が喉をゴロゴロさせて苦しそうだと、笑わせて落ち着かせようとする。ゴロゴロも笑うと治まるだろうと勘違いしていた。親父は娘の笑いのツボは心得ていたが、何の役にも立たない。だから体調を崩していた。妻がそれに気づいてから、外泊は一泊以上しなくなった。

あるとき、担当の先生から「お父さんに似て首が長いから、吸引しても痰が取りきれないのよね」と言われたことがある。確かに、キリンや馬系のあだ名をつけられていた親父にとっては否定できないものがあるが、「この先生、本人を目の前に本気で言っているのか」と苦笑いしながらも、「もしや親父は遺伝子レベルで娘を苦しめているのか」と複雑な心境になったこともある。

一方で娘は、不思議なことにほとんど泣かない。先生から「苦しいはずなのに、よく笑ってくれるね」と言われたことがある。娘は微笑《ほほえ》むことや声を出して笑うことが多く、同じような障碍を持つ人には珍しく表情豊かである。これは「親父の遺伝子レベルのいいところだ」と自負している。

娘の笑いについて、忘れられないことがある。一歳になったばかりのころ、布団に寝かしていた娘に頬《ほお》ずりをした。そのとき、それまで微笑むだけだった娘が、生まれて初めて声を出して笑ったのである。赤ん坊が笑うのは当たり前のことだが、私たち夫婦には、それは奇跡に近い不思議なことだった。二人で涙し、「こんなふうに幸せを感じられる人は、世界にそうはいないだろう」と、〝世界レベル〟で喜びを味わった。子供が笑い声を聞かせてくれる奇跡に。

そんな喜びや悲しみをいくつも経験しながら、娘の人生は果たして幸せなのだろうかと考える。人は自分を取り囲む人々との関係のなかで人生を歩む。誰かと喜びや悲しみを共有し、さまざまな心づかいを経験することによって人生の幸、不幸を味わうものだろう。もしも、娘の存在を通して家族が泣き泣き暮らしていたら、現状を疎《うと》んじていたら、いがみ合って暮らしていたら、たとえ娘が健常者であったとしても幸せを味わうことはできなかっただろう。逆に、私たち家族が娘と共に幸せな人生を築くことができたなら、娘の人生は幸せな人生と言えるのではないか。

また、苦労のない人生が幸せならば、娘の人生も私たち家族の人生も不幸である。しかし、不自由や苦労の多い生活のなかにも、たくさんの喜びと笑顔のある人生を送ってきたのである。教祖は、難儀不自由、御苦労の道中を「明るくいそいそと」歩まれ、陽気ぐらしのひながたをお示しくださった。人生に苦労はあって当たり前だが、厳しい人生のなかに喜びを見いだし、「明るくいそいそと」通れる心に成人することで、人生に陽気が漲《みなぎ》るのではないか。陽気ぐらしの境地は、どこかに用意されているものではなく、苦労して手にするものであり、苦労して成人した心に味わえるものなのだと信じている。

親神様は、人間が陽気ぐらしをするのを見て共に楽しみたいと思召《おぼしめ》され、人間をお造りになったと教えられている。はてさて、こんな親父のドタバタ陽気ぐらし劇場を見て、親神様は共に楽しんでくださっているのだろうか。

二十二歳の娘と共に生きた人生を振り返り、平凡な親父が「明るくいそいそと」陽気ぐらしを目標に歩んでいる今日このごろである。

あとがき

『天理時報』創刊九十年を記念し、立教一八三年（二〇二〇年）四月から七月にかけて、「かしもの・かりもの」「ひのきしん」「陽気ぐらし」の三つの教えをテーマに、懸賞エッセーを募集しました。

国内外から八十二編が寄せられ、どの作品も、日々の暮らしのなかで大切にしている教えや実践の歩み、さらに目指すところについて書かれた力作揃《ぞろ》い。過去の体験から悟ったことや、いま世界中を脅かしている新型コロナウイルスへの思案をつづったものもありました。

そのなかから、審査員によって選ばれた最優秀賞一編のほか、優秀賞四編、入選十編、佳作十四編を一冊にまとめ、このたび刊行する運びとなりました。幅広い年齢層の教友たちによる、等身大の〝信仰エッセー〟。皆さまにとって本書が、三つの教えを心につなぐ、実践の歩みの一助となれば幸いです。

立教一八四年九月

編　者

きずな新書014

日々陽気《にちにちようき》ぐらし

立教184年（2021年）11月1日　初版第1刷発行

編　者　天理教道友社

発行所　天理教道友社
〒632-8686　奈良県天理市三島町1番地1
電話　0743（62）5388
振替　00900-7-10367

TENRIKYO DOYUSHA

印刷所　株式会社天理時報社
〒632-0083　奈良県天理市稲葉町80

ISBN978-4-8073-0646-6
定価はカバーに表示